新课程·新理念·新教学

丛书编委会主任：马立　宋乃庆

教师修炼系列

jiaoshixiulianxilie

教师专业化五项修炼

杨连山　田福安◎编著

西南师範大學出版社

全国百佳图书出版单位　国家一级出版社

图书在版编目（CIP）数据

教师专业化五项修炼/杨连山，田福安编著. —重庆：西南师范大学出版社，2010.8
（名师工程系列丛书）
ISBN 978-7-5621-4995-8

Ⅰ.①教… Ⅱ.①杨…②田… Ⅲ.①教师—修养 Ⅳ.①G451.6

中国版本图书馆 CIP 数据核字（2010）第 150106 号

名师工程系列丛书

编委会主任：马　立　宋乃庆
总策划：周安平
策　划：李远毅　卢　旭　郑持军　郭德军

教师专业化五项修炼
编著　杨连山　田福安

责任编辑：钟小族　雷利军
封面设计：吕　龙
出版发行：西南师范大学出版社
地址：重庆市北碚区天生路 1 号
邮编：400715　市场营销部电话：023-68868624
http：//www.xscbs.com
经　　销：新华书店
印　　刷：三河市明华印务有限公司
开　　本：787mm×1092mm　1/16
印　　张：16
字　　数：228 千字
版　　次：2010 年 8 月　第 1 版
印　　次：2022 年 4 月　第 4 次印刷
书　　号：ISBN 978-7-5621-4995-8

定　　价：58.00 元

《名师工程》

系列丛书

编者的话

当前，以人为本的教育理念正在逐步深化，素质教育以及基础教育课程改革不断推进。在这场深刻又艰苦的教育改革中，涌现了无数甘为人梯、乐于奉献的优秀教师。他们积极探索、更新观念、敢于创新、善于改革，在实践中创造性地发展、总结了很多先进的教育思想、教育理念；创造性地开发了很多新的教学模式、教学内容和教学方法。这些新思想、新模式、新方法在实践中极大地提高了教学质量，是教育改革实践中的新内涵和宝贵财富。这些优秀教师就是我们的名师，这些新内涵就是名师的核心教育力。整理、总结、发展、推广这些教育新内涵，是深化教育改革、完善教育体制、提高教育质量、提升教师水平的一件大事。

教育，是民族振兴的基石；教师，是教育发展的根基。

胡锦涛总书记在全国优秀教师代表座谈会上指出："教师是人类文明的传承者。推动教育事业又好又快发展，培养高素质人才，教师是关键。没有高水平的教师队伍，就没有高质量的教育。"十七大报告又进一步强调了必须加强教师队伍建设，不断提高教师的素质。当今世界，社会进步一日千里，科技发展日新月异，知识更新的周期越来越短。教师作为"文明的传承者"更要与时俱进，刻苦钻研、奋发进取，尽快提升自身素质和能力，为推动教育事业的健康发展贡献自己的力量。

基于以上，西南师范大学出版社策划、组织出版了大型系列教育丛书——《名师工程》。希望通过总结名师的创新经验、先进理念，宣传名师的核心教育力，为广大教师职业生涯提供精神源泉和实践动力，在教育实践层面切实推动从教者职业素养的提升。通过《名师工程》实现"打造名师的工程"。

丛书在策划、创作过程中力求实现以下特色：

一、理念创新，体现教育的人本精神

教师角色在以人为本的教育理念下发生了重大的变化，教师的素质和能力也面临更高的要求。如何弘扬、培植学生的主体性、增强学生的主体意识、发展学生的主体能力、塑造学生的主体人格等问题成为教师在目前教育中亟待解决的难题。丛书以教育管理者和教师为主要读者对象，通过教师综合素质的提高而将人本教育的思想落实到教育实践中，真正实现教育培养人、塑造人、发展人的本质要求。

二、全面构建，系统提升教师的教育能力

丛书选题的最大特点就是系统、全面地针对教师教育能力的提升而展开。施教者的能力决定教育的效果，教育改革的落实、教育效果的提高无不体现在教师身上。丛书针对不同教育能力、不同教学要求、不同教育对象，有针对性地设置选题。棘手学生、课堂切入、引导艺术、班主任的教导力、互动艺术、课堂效率、心灵教育等等，这些鲜明的主题从教育的细节出发，从教育实际情况出发，有针对性地解决问题，让教师在阅读中学有所指、读有所获。

三、科学权威，体现教育的时代前沿性

丛书邀请全国各地著名的教育工作者执笔，汇集在教育改革与实践中涌现的先进理念、成果和方法，经过专家认真遴选、评点总结而成，代表了目前教育实践中先进的教育生产力，具有时代前沿性，是广大一线教师学习、借鉴的好素材。

四、注重实践，突出施教的实用价值

丛书采用了通俗的创作方法，把死板的道理鲜活化，把教条的写法改变为以案例为主，分析、评点为辅，把最先进的教育理念和方法融入有趣的情境中。经典的案例，情境式的叙述，流畅的语言，充满感情的评述，发人深省的剖析，娓娓道来、深入浅出，让教师更充分地领会先进、有效的教育方法。

在诸多教育、出版界同仁的支持与努力下，《名师工程》陆续推出了《名师讲述系列》《教学提升系列》《教学新突破系列》《高中新课程系列》《教师成长系列》《大师讲坛系列》《教育细节系列》《创新语文教学系列》《教育管理力系列》《教师修炼系列》《创新数学教学系列》《通识与心理系列》《创新课堂系列》等系列，共 90 余个品种，后续图书也将陆续出版。

丛书在出版创作过程中得到各地、各级教育部门与教育工作者的大力支持与帮助，在此一并表示感谢！

教育事业是全社会共同的事业，本丛书的出版一方面希望能对广大教育工作者有所帮助，共飨先进成果；另一方面也是抛砖引玉，希望更多的教育工作者参与到出版创作中来，百家争鸣、百花齐放，为促进教育事业的发展共同努力！

前　言

教师专业化已成为世界教育发展的大趋势。教师在推动素质教育持续发展，开发学生智力，提升学生生命质量等方面的重要作用，受到了各界的高度重视。教师工作不再是单纯传授知识。以德育为核心，培养学生创新精神和实践能力的素质教育的观念，正在逐步深入人心。广大教师对自己的历史使命以及这种历史使命对教师专业化水平的要求越来越高的认识也在逐步深化。但是，时代的深刻变化对学生的影响很大，他们的思想越来越活跃，视野越来越宽广，兴趣广泛却不稳定，知识面越来越广，质疑能力也越来越强。这些独生子女一代的个性都有鲜明的时代特色，且由于家长的百般呵护，自主能力相对较差，意志力相对薄弱，因此，被认为是最难教育的一代。他们对教师不再是言听计从。为帮助教师走好专业化之路，以适应素质教育的不断深入和青少年对教师的更高要求，我们撰写了《教师专业化五项修炼》一书，从“师观修炼”“师德修炼”“师智修炼”“师能修炼”及“师风修炼”五个专题，对教师专业化进行了系统的阐述，不仅对修炼内容提出了明确的要求，而且提供了切实可行的修炼方法，还提供了一些优秀教师自我修炼的典型案例。

我们希望本书对教师走好自主专业发展之路会有所帮助。全书框架由杨连山先生与田福安先生共同设计。第一章、第三章、第四章由杨连山先生撰写，第二章由田福安先生撰写，第五章由徐德明先生撰写。全书由杨连山先生统稿修订。本书还吸纳了多位优秀教师的生动案例以及大量有独到见解的观点，在此顺致谢忱。由于我们的水平有限，读者若发现错误或不当之处，恳请批评指正。

杨连山　田福安

2009 年 11 月于天津市教师教育专业委员会

目录

第一章　师观修炼

第二章　师德修炼

第一节　修炼内容

第二节　修炼方法

第三章　师智修炼

第一节　修炼内容

第二节　修炼方法

第四章　师能修炼

第一节　修炼内容

第二节　修炼方法

第五章　师风修炼

第一节　修炼内容

第二节　修炼方法

Jiao Shi Zhuan Ye Hua Wu Xiang Xiu Lian

第一章

师观修炼

当社会各界谴责那些有损教师形象的行为时，从事教育研究的专家学者更倾向于把这些问题的原因归根于教师自身“专业素质不足”。这种认识不能说没有道理，有多少教师是存心与自己的学生为敌呢？这样的教师几乎是不存在的。一些教师之所以出现了某些违背职业道德的行为，更多的是因为自身专业化程度不高所致。

教师是专业工作者，教师的劳动是一种复杂的专业劳动。确认教师职业的专业性，推动教师专业化发展，一直是有关国际组织和各国政府努力的目标，也是世界各先进国家提高教育质量的重要战略措施。

20 世纪 60 年代，国际劳工组织和联合国教科文组织在《关于教师地位的建议》中描述了教师专业的特点：“教师工作应被视为一种专门职业。它要求具备经过严格而持续不断的研究才能获得并维持专业知识与专门技能的公共业务；它要求对所辖学生的教育与福利拥有个人的及共同的责任感。”（见《现代教育学基础》，筑波大学教育学研究室汇编、钟启泉译，上海教育出版社 1986 年版，第 443 页）

我国也非常重视教师专业化问题，1993 年就颁布了《中华人民共和国教师法》（以下简称《教师法》），首次以法律形式明确规定“国家实行教师资格制度”，依法确定了教师职业许可制度，明确了国家对专门从事教育教学人员的最基本的资格要求。依据《教师法》的授权，1995 年 12 月国务院颁布了《教师资格条例》，原国家教委也相应出台了《〈教师资格条例〉认定的过渡办法》。2000年9月，教育部又颁布了《〈教师资格条例〉实施办法》，至此，基本形成了教师资格制度的法律法规体系。2001年1月，教育部在北京召开了全国教师资格制度实施工作会议，标志着我国的教师资格制度进入了全面实施阶段。2002年12月18日，教育部又制定了“促进教师职业道德和专业水平提高的评价体系”，强调了教师职业的专业化特性。这些都是教师职业走向专业化的重要步骤，有利于突出教师职业特点，促进教师政治与学术地位的提高。国家对教师走专业化道路的政策导向无疑为学校强化师德建设、促进教师提高专业化水平指明了方向，也为教师提高专业素质创造了良好的外部环境。具体表现在以下四个方面：

第一，形成了教师专业化的法律保障体系；

第二，教育行政部门已经充分认识到教师专业化对推动素质教育的重要性；

第三，教师自身对提高专业素养的需要更加迫切；

第四，教师专业化团体已经形成规模并逐渐成熟。

21世纪，教师应当具备什么样的专业素质呢？

一是要有素质教育观念。任何教育行为都是受观念支配的，这是教师专业化的前提。

二是要有崇高的职业道德。任何职业都有与其劳动特点相适应的职业道德，这是专业化的核心。

三是要有合理的知识结构和较强的专业能力。这是教师专业化程度的标志。

四是要有严谨求实的师风。这是教师专业化的外在表现。

现代教育观念认为，教师绝不仅仅是知识的传承者，更应该是学生素质全面发展的促进者，是教育工作的创新者、开拓者。这就要求教师必须严格修炼自己的职业道德，更新自己的教育观念，完善自己的知识结构，提高自己的专业化技能，走教师专业化之路。这也是素质教育深入发展的迫切要求。

近年来，“师资队伍建设”已成为各级单位常抓不懈的重中之重的工作，也确实取得了很大的成绩，因此，教师队伍一直被社会各界公认为是最令人信得过的群体之一。但是严格地说，教师的专业化素质仍不能适应21世纪的知识经济时代，教育、家长以及学校对教师的要求，仍存在着一些亟待解决的问题，其中包括：

其一，《中小学教师职业道德规范》（以下简称《师德规范》）还没有深入每个教师的灵魂，因此，违背教师职业道德、有损教师形象的行为仍时有发生。

其二，教师自身内在的观念与社会倡导的现代教育观念还存在着很大的差距。教师还不能真正树立起素质教育的价值观、素质教育的质量观、素质教育的人才观、素质教育的学生观，教育行为出现偏差也就在情理之中了。

其三，终身学习的观念尚未真正树立起来，教师自身还没有真正构筑起合理的知识结构。尽管这几年教师学历达标问题解决得比较快、比较好，但是，由于教师的知识结构未能随着信息化时代、知识爆炸式的发展而水涨船高、与时俱进，而且教师学历达标与能力提高之间也不是完全可以划等号，因而教师专业能力不强，可以说是比较普遍的问题。可见，教师要走好专业化之路，必须依靠自我修炼，充分发挥内因的决定作用。

第一节 修炼内容

当前各种观念的冲撞、社会利益的调整以及生活方式的变革，不可避免地对人的价值取向产生影响，从而使价值观出现多元化的趋向。教师也因这种社会环境的影响，而表现出崇高的历史责任感与现实的功利主义之间的矛盾。这就要求教师时刻不能忘记要与时俱进更新自己的教育观念。对此，原教育部部长陈至立指出："更新教育观念，是教育领域永恒的话题，也是各教育部门和各级各类学校必须长期坚持抓好的一项任务。"她要求各级各类学校要"引导教师树立'育人为本'的教育观；树立'人才多样化，人人能成才'的人才观；树立'德智体美全面发展'的教育质量观；树立'为学生一生发展和幸福奠定基础'的教育价值观"。（见《自觉更新教育观念，积极实践素质教育思想》，《人民教育》2002 年第 1 期）

观念是行为的先导。裴娣娜教授提出，教育观念的变革是根本的变革，世界各国在推进教育现代化进程中均将教育观念的变革作为具有战略性意义的问题进行思考和探讨。一个国家确立什么样的主导教育观念，从一个侧面反映了一个国家教育发展的水平。

当前，我们要深入学习素质教育思想，确立素质教育的教育观、人才观、教育质量观、教育价值观。

一、修炼"育人为本"的教育观

教育观念是人们对教育活动认识的结晶，它集中反映了教育现实的变化，又深刻影响着教育的存在和发展。有了现代的教育观念，才会有现代的教师，才会有现代的教育。因此，树立以素质教育为核心的现代教育观念，是教师专业化的前提，是教育现代化的关键，是培养跨世纪创新型人才的保证。素质教育观是现代教育观念的核心，集中体现了“以人为本”的思想，强调教育要坚持“全面发展基础上的个性发展”原则。即以德育为核心，培养学生的创新精神和实践能力。可以说，它集中反映了对人的素质的全面而科学的看法，体现了教育以人文精神为核心的“关注人、尊重人、信任人、发展人”的思想。

教育的根本功能是促进人的成长和发展，追求每个学生的生动、活泼、主动发展，素质教育必须以育人为本。这也是我国传统文化中“人本观”在学校教育中的科学反映。我国传统文化中的“人本观”集中体现了一个中心——以人为中心；两个基本点，即“以德为先”和“人为为人”。有这样一个真实的故事：

借分给学生

宋今上高中的时候，他所在班级是个普通班，比起学校里抽出的尖子生组成的实验班来说，考上大学的机会不多，因此，除了极个别的几个学生很努力外，大多数人只是等着毕业混个文凭，然后找份工作。

他们的班主任兼英语老师是个刚从师范学院毕业的学生，非常敬业，每天催着同学们学习学习再学习，作业作业再作业。但是，由于许多人都抱着“破罐子破摔”的想法，同学们的成绩仍然上不去，在全校各科考试中屡屡倒数。

但高二的一次英语联考，宋今所在班的成绩却破天荒地超过了实验班，这使全班接连兴奋了好几天。

发卷的时候到了，老师平静地把卷子发给同学们。大家欣喜地看着自己几乎从没考过的高分，老师说：“请同学们自己计算一下分数。”数着数着，宋今发现自己的分竟比实际分数高出 20 分，同学们也纷纷喊了起来：“老师，怎么给我们多算了 20 分？”课堂上乱了起来。

老师把手一摆，大家静了下来。他沉重地说："是的，我给每位同学都多加了20分，这是我为自己的脸面多加的20分，是我请求学校借给你们每人的20分。老师拼命地教你们，就是希望你们为老师争一口气，让老师不要在别的老师面前始终低着头，也希望你们不要在别的班的同学面前总是低着头。"老师接着说，"我来自山村，我的父母都去世得早，上中学时我曾连红薯、土豆都吃不起；大学放暑假，我每天到建筑工地拉砖，曾因饥饿而晕倒。但我就是凭着一股要强的精神上完了大学，生活教会我在任何时候都不能服输。而你们只不过因为分在普通班就丧失了信心，我很替你们难过。"

这时候教室里安静极了，宋今和同学们都低下了头。老师继续说："我希望我的学生也要做要强的人，任何时候都不服输。现在还只是高二，离高考还有一年多的时间，努力还来得及，愿你们不要靠老师借来的分数过日子，而是靠你们自己的努力挣回足够的分数，将这一次我向学校借给你们的分数还回来，让老师能把头抬起来，继续要强下去。同学们，拜托了！"说完，老师低下头，竟给全体学生深深地鞠了一躬。当他抬起头的时候，全班同学都看到他流出了泪水。

"老师……"班里的女生都哭了起来，男生的眼里也噙满了泪水。

那一节课，他们什么也没有学，但一年后的高考，他们班以普通班的身份夺得了全校高考第一名。据校长讲，这在学校历史上是从来没有过的。

这个故事中的班主任，面对一个"破罐破摔"的普通班，没有以抓作业、抓考试为重点，而是通过借给每位学生20分的办法，以自己求学时代艰辛和努力的事实，激励学生迎难而上，做“强人”。教师的这种行为唤回了学生的自信，使他们懂得了命运掌握在自己的手里。这个故事充分体现了该班主任教师的人文情怀。

“以人为中心”，即以学生素质的可持续发展为中心；“以德为先”，即教育者首先要有崇高的道德，并将道德教育放在育人工作的首位；“人为为人”，强调的是教师的工作行为完全是为学生的成长服务。

育人为本，应该成为全体教育工作者的基本信念，应当贯穿于教育活动的始终。传统的教育观认为，教育就是传授知识和前人的经验，因此就出现了“重智轻德、重知轻能、重成才轻做人”的弊端，给教育带来重大损失。比如，一些青少年缺乏对生命的敬畏，生命意识之淡薄已经到了触目惊心的程度。具体表现在：

一是轻生已成为青少年非正常死亡的主要原因，曾有过轻生念头的学生也占有相当大的比例；

二是弑亲弑师等恶性事件时有发生，青少年犯罪率有上升趋势；

三是很多学生感到学习压力和精神压力很大，生活枯燥单调，精神苦闷，生命质量不高。

上述现象正是教育忽视“育人为本”的结果。

二、修炼“为学生一生的发展和幸福奠定基础”的教育价值观

教师在学生身上延续的不仅是知识，还有理想、意志和做人的准则；教育是一项直面生命和提高生命价值的事业，教育中没有什么比“生命成长”的价值更重要。教师要以人的方式教育人，以学生的方式理解学生，形成“让学生能走的走，能跑的跑，能飞的飞”。这才是真正的教育价值观，教育价值的关键在于开发学生的智力和潜能。

现代教育价值观强调学生包括教师自身在智能、身心、个性与人格方面的可持续发展，在保证教育可持续发展的基础上，促进政治、经济、道德、文化的可持续发展。

经济学界有一个“钢板价值理论”，大意是，一块普通的钢板值5美元，如制成马蹄掌它就值10美元，制成钢针则值3 550美元，如果制成手表的指针，其价值就攀升到25万美元。其实质是经济学上的附加值概念。

同开发钢板以实现价值增值一样，教育的价值就在于开发学生的智能。人才如“玉之在璞”，琢磨是玉之成器的关键，教育对人才的成长起着至关重要的作用。教育也存在着“附加值”现象，教育的本质就是培养人、教育人、开发人的潜在素质。教育应该使每个学生的潜能得到开发，使每个学生最大限度地实现其人生价值。

可见，教育的真正价值就是开发学生智力潜能，为他们的终身发展和幸福奠定基础。这与以传授知识为主的传统教育价值观相比，确实具有广阔性、全面性、超前性和革命性的特征。这其中教师尤应关注的是，要通过教育教学为学生一生的发展和幸福奠定基础，为学生找到一条最适合他们发展的道路。

一个读死书、死读书的学生，其智力潜能是很难得到开发的。为了改变班里学生的学习方法，开发学生的智力，甘肃定西安定区馋口三中王海涛老师给学生讲了下面这个故事：

唐代道一和尚，每日只知晨钟暮鼓，坐禅诵经，以为这样就会修成正果。怀让法师看在眼里，没有说什么，却每日拿着一块青砖在大石头上磨，道一看到后，便问：“法师你在干什么？”法师说：“我要把这块青砖磨成一面宝鉴。”道一笑道：“青砖怎能磨成镜子呢？”怀让说：“是呀，青砖不可成镜，你不求领悟佛法，不想普度众生，每日只知坐禅诵经，又如何悟得大道，修成正果？”道一听后恍然大悟，最终也成了一位得道法师。

“学而不思则罔，思而不学则殆”，两千五百多年前，孔子就给我们指出了学习的要诀。学习不仅仅是简单的记忆和背诵，更需要思考、理解、领会和运用，如果只是死记硬背教条式的内容，而不思考其中之义，更不去想该怎么运用这些知识，岂不把自己变成了书橱，智力怎么会得到发展?

三、修炼“人才多样化，人人能成才”的人才观

人才观是对什么是人才，即人才标准的根本看法。传统的人才观主要是将少数学习尖子生或能考上大学的学生视为人才，而置大多数学生的发展于不顾。这种人才观直接导致了现实中“高分低能”“学优德劣”的尴尬局面。马加爵就是一个典型的例子。这位智力的佼佼者，却残忍地杀害了他的 4 个同学，既毁灭了自己，也毁灭了他人。还有这样一个令人深省的例子：

甲生智商高、成绩好，被老师一致认为是大有发展前途的人才；而乙生智商一般，成绩也是中上游，加上他爱向老师发难，总提一些怪问题，因此，被老师认为成不了大器。这两个学生在一次登山活动中，遇上了偶发事件：树林中一头黑熊正向他们的方向追来。此时，甲生立即估算出熊与他们的距离，算出熊用多长时间能够追上他们；而乙生正坐在地上换跑鞋，甲生对乙生说：“你换跑鞋也跑不过黑熊。”乙生却说：“我跑过你就行了。”

这是一个道德两难问题，在这里我们姑且不做评论，而且这件事的结果也并不重要。但是在激烈竞争的现代社会，“适者生存，优胜劣汰”却是一个不变的法则。在这个故事中乙生显然是个强者，而不是书呆子。而故事给我们的启示也是深刻的，我们一定不能以智商高低、分数多少作为评价人才的唯一标准，而应坚持“人才多样化，人人能成才”的人才观，要坚持“多一把尺子，多一批人才”的评价观。

现代的人才观认为，学生都有成才的因素和可能。教育要面向全体学生，促进学生素质的全面提高。现代人才观强调成人与成才的统一，主要是看他是否学会了做人，学会了学习，学会了健体，学会了审美，学会了生存，而且认为人才是有层次的。

四、修炼“以人为本”的学生观

学生观是指对学生的根本看法。传统的学生观将学生看成是被动接受教育的对象（客体），采取的是“我说你听，我管你服”的强制性方法，强调的是服从，不重视学生的主体能动作用。课堂教学中也是“我讲你听，我问你答”的强制灌输的方法，完全忽视了学生的主体地位，不重视学生主动参与课堂教学的全过程。众所周知，素质教育的学生观强调以学生为本，认为学生是教育教学中能动的主体，是从事学习活动的社会化的主体；是认识教育教学活动的主体；是掌握教育教学内容和方法的主体；是班集体建设与管理的主体；是形成自己观点、信念、道德、情志和人格的主体。因此，具有素质教育学生观的教师起码要做到尊重学生人格，弘扬学生主体精神，调动学生主动投入学习的积极性，激发学生的个性发展。

（一）善于弘扬学生的主体精神

于漪老师有一次上公开课，讲《宇宙里有些什么》，教学中让学生自由提出疑问。有一名学生站起来发问：“老师，课文中有这么一句话，‘这些恒星系大都有一千万万颗以上的恒星，’这里的‘万万’是多少?”话音刚落，全班同学都笑了。“‘万万’就是亿呗，这是小学数学知识呀!”提问的学生非常后悔自己提了一个被人讥笑的问题，深深地埋下了头。于漪老师见状，微笑着对大家说：“同学们不要笑，也不要小看这个问题，它里面有学问呢。哪位同学能看出其中的奥妙?”经于老师这么一问，课堂一下子沉寂下来了。过了一会儿，一位学生站起来回答：“我觉得‘万万’读起来响亮许多，顺口许多。”于老师说：“讲得好！其他同学还有高见吗?”另一位学生站起来说：“还有强调作用。好像‘万万’比‘亿’多。”在确认没有不同看法后，于老师总结道：“通过对‘万万’的讨论，我们了解到汉字重叠的修辞作用，它不但读起来响亮，而且增强了表现力。那么，请同学们想一想，我们今天这个知识是怎样获得的呢?”全班同学不约而同地将视线集中到刚才发问的学生身上。这个学生如释重负，先前的惭愧、自责一扫而光，仿佛自己一下子聪明了许多。

在课堂上如何面对学生提出的问题，特别是如何面对学生提出的比较幼稚的问题，于老师的课给了我们有益的启示，他告诉我们什么叫“唤醒”和“激励”，什么叫“尊重”与“平等”，什么叫“师生互动”，什么叫“探索与创新”。

上述教学片段中，学生所提的问题层次较低，因而引起同学们的哄堂大笑，如果教师引导不当，就有可能造成课堂上的混乱，引起学生注意力的分散；对于提问的那个学生而言，自尊心、上进心必然受到伤害，很可能从此以后就再也不敢提问题了。于老师的高明之处就在于，面对学生提出的比较幼稚的问题，不讽刺、不嘲笑，因势利导，变“幼稚”为有益的新的教育资源生成点，引导学生深入思考，不仅使全班同学在热烈的讨论中掌握了汉字重叠的修辞功效这一知识点，又使那位提问的学生受到了鼓舞和激励，感受到了师生在人格上的平等，提高了其学习的自信心，也使全班同学受到了一次尊重他人的教育。同时，这一教学片段也体现了师生互动、合作学习的教学理念。

（二）尊重人格

以学生为本，关键是尊重学生的人格。上述案例中，于漪老师处理课堂“突发事件”时，就充分体现了尊重，为我们作出了榜样。然而，目前仍有一些教师达不到这个起码的要求。记得有这样一个真实的三毛（作家）吃“鸭蛋”的故事：

上初二的时候，三毛学习成绩不是很好。后来她发现数学老师每次的小测验试题，都是课后的练习题。摸清了规律之后，她在小测验前就下工夫背诵这些题目，结果一连考了 6 个 100 分。数学老师特别惊讶，就在自习课上临时出题考她，结果当然很糟糕，三毛清楚地记得数学老师是这样教育她的：老师当着全班同学的面说道：“我们班有一个特别爱吃鸭蛋的同学，今天老师请她吃两个。”然后，老师让三毛上讲台，并拿来毛笔蘸在墨汁里，蘸得饱饱的，在三毛的眼睛周围画了两个大大的黑圈，边画还边笑着说：“不要怕，一点也不疼，只是凉凉的！”画完，老师又说：“你转过身去让大家看看……”

事后，三毛是这样叙述的：“我情愿老师打我一顿，但她给我的却是让我一生都不能忘怀的屈辱。晚上，我躺在床上拼命地流泪。这件事的后遗症直到第三天才显现出来，那天早上我去上学，走到走廊时看到我的教室，立刻就昏倒了。接着我的心理出现了严重的障碍，而且一天比一天严重。到后来，早上一想到自己要去上学，便立刻昏倒，失去知觉了。”

听了这个故事，大家心里肯定都不是滋味，我们都清楚，学生的人格是很脆弱的，应该精心呵护。而老师之所以残忍地侮辱三毛的人格，正是因为她缺少崇高的师德和正确的学生观，才给学生带来终身的痛苦，广大教育工作者应该引以为戒！

（三）张扬学生个性

美国教育家蒙台梭利说：“人类在幼儿期展现的智慧就像黎明的阳光、

蓓蕾的芬芳，我们必须以对宗教的虔诚尊重儿童早期的个性表现。”为此，教师要认真了解、研究学生，特别要观察发现他们的创造性个性品质，有针对性地培养他们的创新精神和实践能力。否则我们的教育行为就可能出错，学生就可能成为被“放错地方的宝贝”。

“缺点乃至错误，人之所恶也。”但我们如果能欣赏学生某些缺点中的“金子”，常常能使浪子回头。

爱迪生少年的时候，曾经找来一些鸡蛋并蹲在上面“孵鸡”，他陷入困惑：为什么鸡能孵蛋而人却不能呢？他的老师认为他行为怪僻，不可思议，从而认为他不是读书的料，强令他的母亲将其带回家。爱迪生孵蛋的行为当然是怪异的，我们也许有充分的理由把他看做愚不可及，但做老师的为什么就没有看出爱迪生这一“缺点”的另一面——他的那种实践精神、思辨品质等最可贵的东西？

在课堂上，老师批评较多的是那些喜欢“插嘴”的学生，尤其是那些与自己意见相悖的学生。这些学生有时甚至忘记了“举手发言”的纪律。其实这些学生是由于思维处于活跃状态，情不能自已，以至于脱口而出。做教师的应当欣赏学生这一“缺点”，并因势利导，让他们言得其时，言得其理，提高他们的思维层次和质量，最大程度地开发其心智。如果课堂上都是“终日不违，如愚”的颜回式的学生，那哪来的“率尔而对”的极具思想性的子路式的政治家呢？

孤独，一般也被老师视为一大缺点，常常认为这种学生缺少团队精神。其实，他们的孤独有时恰恰就是他们的优点，他们不愿随波逐流，喜欢标新立异，不管他们是因为孤独而优秀，还是因为优秀而孤独，他们都懂得珍惜时间，不愿把时间耗费在与同学漫无边际的、海阔天空的闲谈中。人在独处的时候，思考的深度可能会超过其他状态下的思考程度。

游览高峻的大山，我们都能“横看成岭侧成峰”，看学生的“缺点”若能有这种心态就好了。教育是一种期待，我们期待着学生的不断完美，教育者不能囿于成见，要欣赏学生的某些“缺点”，这样也许会惊喜地看到一些

“困难生”发生质的蜕变！

江苏省泰兴市大生镇洋思中学陈忠达老师介绍了自身亲历过的一个案例：

有个女生，性格特别内向，课上课下总不吭声。据她小学同学说，她一直是这样的。

有一次活动课，我让大家轮流唱歌，快到这个女生时，她紧张起来，低头看着脚。轮到她唱了，她慌张地站起来，涨红脸说：“我不会唱。”我带着微笑鼓励她：“没关系，今天大家第一次唱歌，你随便挑一支歌，唱几句也行。”她却一声不响，也不看我。我说：“好吧，没关系，你先坐下。课后你向同学学一首歌，下次唱给大家听。”下课后，我走到她身边笑着说：“老师认为你肯定有自己想唱的歌。”说完就走了。

又一次活动课，我仍然让大家唱歌，轮到她，她还是不敢站起来，直说不会唱。我说：“好，你再准备一下，等会儿再唱。”排在她后面的一个男生说：“我唱一支歌，但只记得几句。”我说：“没事，一句也行。”男生唱了几句，跑调挺厉害，同学们都善意地笑了。然后，我又请那位女生唱。这一次，她犹豫地站起来，低声唱了一支歌，但我听得很认真，并说：“真不错，希望下次听到你的新歌。”女生松了一口气，脸上洋溢着激动的光彩。

在以后的活动中，这位女生明显地变了，她能大声地唱歌，能与同学们合作，能开心地笑出声来了。

其实一个少年怎么会不喜欢唱歌呢？只是因为性格偏差和自我的不良暗示，导致了心灵的自我封闭，因而不敢唱罢了。突破这种心理桎梏，需要热情、耐心、真诚和技巧。那个唱得完全跑调的男生，其实是我事先安排好的“榜样”，为的是给她减轻心理压力，免得她再生挫败感。

就这样，这个被认为内向得“不可救药”的女生，终于步入了自己心灵的春天。

现代教师与学生的关系，不是主从、尊卑、发号施令与服从的关系，不是猎人与猎物的关系，不是警察与小偷的关系，不是医生与病人的关系，而是在人格上、在真理面前平等的关系。陈老师不仅具有教育民主观念，而且善于等待和激励，有效地张扬了学生的个性。

五、修炼“德智体美全面发展”的教育质量观

教育质量观是对教育教学质量的全面认识。传统的教育质量观以考试分数作为衡量教育质量的唯一标准，忽视学生创新精神和实践能力的培养。素质教育的质量观，重视帮助学生提高思想道德修养，懂得民主与法制，树立团结协作精神；帮助学生具有健康的审美情趣和逐步提高创造美的能力；帮助他们增强心理健康和身体素质，这是现代教师全面衡量教育质量的基本观点。以下是著名特级教师斯霞老师对一年级学生进行“祖国”一词的教学实录：

师：“祖国”是什么意思呢？什么叫“祖国”？

生：祖国就是南京。（好多学生笑了，知道祖国不是南京）

师：不要笑，祖国是南京吗？不对！南京是我们祖国的一座城市，像北京、上海一样。大家再想想。什么叫“祖国”？

生：祖国就是一个国家的意思。

师：噢！祖国就是一个国家的意思，对吗？

生：不对。（也有答“对”的）

师：美国是一个国家，日本也是一个国家，我们能说美国、日本是我们的祖国吗？

生：不能！

师：那么，什么是“祖国”呢？谁再说一说。

生：祖国就是我们自己的国家。

师：讲得对，祖国就是我们自己的国家。我们的爷爷、奶奶、爸爸、妈妈，祖祖辈辈生长的这个国家叫祖国。那么，我们的祖国叫什么名称呢？

生：中华人民共和国。

师：对了，我们的祖国叫中华人民共和国。我们大家都热爱我们的祖国。

……

对于一年级的学生而言，“祖国”一词很抽象，因而不容易理解。为此，斯霞老师联系学生已有的生活经验，结合具体实例，化抽象为具体，不断排除学生对“祖国”一词的错误认识，最终使学生认识了“祖国”的本质。例如，当有的学生认为“祖国就是南京”时，斯老师以北京、上海为例，排除了学生的错误认识；当有的学生认为“祖国就是一个国家”时，斯老师又以美国、日本为例，使学生认识到“祖国就是我们自己的国家”。在整个教学过程中，斯老师不断启发学生自己思考，自己理解词义，让学生把握认识事物、得出结论的全过程，而不是将现成的结论告诉学生。这样做，有利于学生准确地理解词义，培养学生认真思考、独立思考的学习品质。在这一教学片段的最后，斯老师又引导学生说出自己祖国的名称，这不仅使学生更深刻而具体地理解了“祖国”一词的含义，也激发了学生的爱国之情，润物无声地渗透了思想教育。这种教学，不仅适合学生的年龄特点和认识水平，而且结合得水乳交融，令人称道。然而，这种教育质量观仍然没有被一些教师认同，更没有成为他们自觉的行动，因此，在教育教学中还没有完全摆脱“应试教育”的窠臼，要克服这些问题，仍然任重而道远。

六、修炼“敢于超越，善于超越”的创新观

创新观是对创新的基本看法。传统教育是传承式教育，强调传授和学习

前人积累的知识和经验，继承前人的思想道德，培养的是封闭型的人才。因此，传统的创新观认为，创新是科学家、理论家的事，与青少年学生不沾边。这是一种不全面的看法。

黑龙江电视台播出的《狂野周末》节目中，有这样一组画面：

> 两只凶猛的狮子正追捕一群形体比他们还大的野牛，不一会儿，其中的一头野牛被狮子从野牛群里隔离开来。两只狮子前后夹击，其中一只狮子咬住野牛的脖子，另一只则咬住了野牛的后腿。孤立无援的野牛反抗、挣扎着，危在旦夕。与此同时，奔跑着的野牛群也在距离狮子不远的地方突然停下来，并且聚集在一起……

针对上述画面，某老师给学生出了一道作文题：请你发挥自己的想象力，续写下面将要发生的情况及最后结局。在老师看来，本次作文的提示中隐含了这样的信息——“野牛们聚集在一起”，无疑是暗示学生应以“团结就是力量”为主题而展开想象。结果凡是写野牛团结一致战胜狮子的都给了高分（一类文）。有位学生是这样写的：野牛聚集在一起经过商量，决定同心协力共同对敌，但最终还是没有战胜狮子、救出同伴，最后只得发出凄厉的吼声，为同伴送行。此文只被老师评为三类文。

学生的想象力就是在这种单一的评价标准中被扼杀了。学生得了这样一个低分的评价，下一次他还敢展开想象的翅膀吗？他一定会“学乖”，因为在他看来分数比什么都重要。雪化了变成了什么？答“变成了水”就给高分，因为标准答案就是这么写的；答“变成了春天”就算错，因为和标准答案不同。这样的评价谁还敢放飞自己的想象力！老师们，我们不要再埋怨学生写不出好的作文、缺乏个性了，挽救学生的想象力，还是从我们自身做起吧！

素质教育的创新观则认为，创新就是有所发现、有所发明、有所创造、有所前进。做出新产品、产生新技术、提出新理论是高水平的创新；制作一件小工艺品、提出一个小发明也是创新；做一道习题，能够一题多解，能探索新方法同样也是创新，创新是有层次的。因此，创新就是“超越”，其中包括战胜自我，超越自我，学习他人，超越他人，继承传统，超越传统。素质教育的创新观强调继承与开拓、学习与创造，培养学生的创新精神和实践能力。创新不是专家的专利。大家也都同意这个观点：没有创新精神的教师是培养不出具有创新精神的学生的。

上课铃响了，李老师还没有来。学生大眼瞪小眼，有的则开始小声议论了。

3分钟后，李老师来了。他走上讲台：“今天很对不起大家，我迟到了3分钟，耽误了大家的时间。在3分钟内，大家想了些什么呢？请写作文——”他在黑板上板书：《3分钟内，我在想……》。要求不少于150字，而且10分钟内完成。

10分钟后，李老师开始讲评作文。一位同学是这样写的：

3分钟内，我在想——清脆的上课铃响了，同学们都坐在自己的座位上静静等着语文老师来上课。

可是，紧闭的教室门并没有打开。一会儿就有同学嘟哝开了：“语文老师也太不负责了！”“都上课这么长时间了，还不来……”我心里一怔，心想：是啊，语文老师也真有点不负责任，我们刚分到这个班，第一堂语文课他就不来，确实有点不像话。也许是他病了，也许他有事不能及时赶回来，也可能是……做了一通假设，我心想，干吗找这么多理由替他解释。3分钟快过去了，要是没有特殊理由，看看李老师来了如何解释。

正在这时，门一下子被打开了，李老师带着诡秘的微笑走上讲台：“同学们等急了吧？我今天迟到了3分钟，这3分钟内你们想了些什么呢？大家现在写一篇作文：《3分钟内，我在想……》。”

事后李老师解释说，他刚才来校时，不凑巧自行车在路上坏了，导致迟到3分钟。于是，他想就干脆抓住这个机会，创设特定的生活情景，搞一堂以训练心理描写为主题的作文课。李老师这种对偶发事件的处理不正是一种创新精神和教育智慧的体现吗!

（一）“人人是创造之人”的观念

创新是人的本质。德国心理学家卡西尔认为，人的本质只存在于不断创造文化的辛勤劳作之中，因此，真正的人性无非就是人的无限的创造活动，人只有在创造文化的活动中才成为真正意义上的人。这其中当然也包括我们的中小学生。

一谈到创造，一些人还会认为那是成人的事，似乎与中小学生根本不沾边。这无疑是一种不全面的理解。为什么呢?因为，这种认识其实是只专注于创新的物质存在状态，专注于外部行为特征及其外显形式，而忽略了创新的意识特性。创新更主要的是属于意识范畴的概念，它反映了内化在人的素质结构中的某种思维特征。它以人的创造性劳动为载体，外显为某种行为特征，通过人的创造性劳动，而从内在意识存在状态外化为物质存在状态。因此，人们常以精神和品质等词语揭示创新具有的意识属性。而这种意识特征在青少年中是非常突出的。

记得人民教育家陶行知曾经说过：“处处是创造之地，天天是创造之时，人人是创造之人。”“人人是创造之人”自然包括“小孩子”。对此，陶行知举了许多生动的例子。例如，陶行知推广“小先生”制，写了一篇演讲词，其中有一段：“读了书，不教人，甚么人?不是人。”他讲完后，一个小孩子马上说：“陶先生，你的演讲最好把‘不是人’改为‘木头人’，‘木头人’比‘不是人’更好。因为‘不是人’三个字不具体，桌子不是人，椅子不是人，而‘木头人’能给我们一个具体的印象。”陶先生非常高兴地说：“小孩子也都有创造的能力。”他还介绍了晓庄学校停办后，没有老师了，那里的孩子自己组织起来，推举同学做校长、当教员，自己教、自己学、自己办，并自称“自动学校”。陶行知称“这是破天荒的创造”，为此，写下了一首诗祝贺他们：

有个学校真奇怪，
大孩自动教小孩。
七十二行皆先生，
先生不在学如在。

并寄给晓庄的孩子以表赞扬。第三天孩子们回信表示感谢，并说诗中的“大”字应改为“小”，并说：“大孩能教小孩，难道小孩就不能教大孩吗？大孩能够自动，难道小孩不能自动吗？而且大孩教小孩有什么奇怪啊？”陶先生说：“我马上把诗改为‘小孩自动教小孩’，这样一改，确实是更好了。农村小孩改留学生的诗，又是破天荒的证明，证明小孩有创造力。”与此同时，陶先生还写诗告诫大人们不要小看小孩子的创造力：

没有父母带，
先生也不在。
谁说小孩小？
划分新时代。
人人都说小孩小，
谁知人小心不小。
你若小看小孩子，
便比小孩还要小。

有三个成语叫做无中生有、有中生无、有无相生，这里边的“生”就是创新，从大的方面说，所谓“生”就是指世界并非一直如此，而是生生不息、日新月异。“生”就是从被抛弃、被忽略，被认为是不可能、不必要的空白处生出来，独辟蹊径、别开生面，化腐朽为神奇。无中生有的前提是有中生无，即超越已有成果，不被权威结论所束缚，不因眼前的困难而退缩，可见，创新的本质是“有无相生”，即我们平时所说的有所发明、有所创造、有所前进。创新的过程即是超越的过程。

（二）创新即敢于超越的观念

创新是一种敢于超越的精神。它是由创新意识（问题意识、竞争意识、自我意识）和创造性个性品质（独立性、创新性、批判性）组成的一种不怕困难和挫折的进取精神。有了这种精神就能够敢于战胜自我，超越自我；善于学习他人，超越他人；能够继承传统，超越传统。创新精神实际上是冒险精神、团队精神、执著精神和奉献精神与创造力共同炼就的特殊合金。具有这种精神的人敢于走前人未走过的路，解决前人未解决的问题；敢于同伪知识、伪科学作斗争；敢于求真知、说真话、践真行、做真人。有了这种精神的教师就会自尊、自强、自立，就会不唯书、不唯师、不盲从、不苟同，就能够真正成为独立把握自己命运的人。

（三）培养创新精神的课堂目标观

知识经济时代，各国综合国力的竞争日趋激烈，而这种竞争归根结底是知识创新的竞争，是创新人才的竞争。这就要求教育工作者，用新的人才观重新审视我们的教育教学，确立新的培养目标，将培养学生创新精神和实践能力作为学校教育的核心目标以适应时代的需要。为什么呢？这里想从以下三方面谈谈笔者的看法：

1. 原因之一：素质教育的规定性

确定以培养学生创新精神和实践能力为核心的培养目标，取决于素质教育的规定性。

国际21世纪教育委员会在1996年曾提出一份报告，题目是《教育——财富蕴藏其中》。报告中说：“人是发展的第一主角，又是发展的终极目标。”

还指出："应该使每个人都能发展、发挥和加强自己的创造潜能，也应该有助于挖掘出隐藏在我们每个人身上的财富。"这种财富就是制约人的素质发展的创新精神，因此，教育要坚持"以人为本"，就是坚持以人的素质可持续发展为本。这其中道德素质是灵魂，创新精神和实践能力是核心。

随着我国教育改革的不断深入，1999 年 6 月，中共中央国务院颁布了《关于深化教育改革　全面推进素质教育的决定》（以下简称《决定》），并召开了改革开放以来的第三次全国教育工作会议。会议主题就是以提高民族素质和创新能力为重点，全面推进素质教育；并在科学发展观的指导下，全面总结了我国实施素质教育的经验，赋予了素质教育时代的内涵。会议精神特别强调："教育是培养创新精神和创新人才的摇篮。""面对世界科技飞速发展的挑战，我们必须把增强民族创新能力提到关系中华民族兴衰存亡的高度来认识。教育在培育民族创新精神和培养创新型人才方面，肩负着特殊使命。"从此，以提高全民族综合素质为宗旨，以培养学生的创新精神和实践能力为核心的培养目标，被明确地提出来。在学习《决定》和第三次全教会精神的过程中，广大教育工作者更加明确了素质教育是以学生素质的可持续发展为本的教育，素质教育的本质就是面向全体学生、弘扬学生的主体精神，使学生在德智体全面发展的基础上，成为具有创新精神和实践能力的有理想、有道德、有文化、有纪律的社会主义建设者和接班人。对此，康万栋教授在《中小学素质教育理论与实践》一书中就明确指出："国民素质中的核心和关键是国民自身具有的主体性和创新精神。"当然，这也完全适用于中小学生。因为，素质教育强调如下三个特点：

（1）主体性。素质教育强调要把学生视为一个具有鲜明个性和独立人格的主体，要在各项教育活动中都能尊重他们的人格和个人的兴趣、爱好、需要、经验，激发他们自主学习、自主发展、自我教育、自我管理的积极性和主动性。这便是实现其在教育中的主体地位，培养创新精神和实践能力的前提条件。

（2）创造性。教育需要以培养学生创新精神和实践能力为目标，实现这样的目标又需要教育自身的不断创新。因此，创造性是素质教育的本质特征。

从教育目标来看，素质教育注重强化学生的创新意识，激发学生的创造欲望，发展学生的创造性个性品质，使学生不囿于传统，不迷信权威，敢于独辟蹊径，大胆创新，充满自信地去做自己深信是有价值的工作。

从实施创新教育来看，不管是教育教学，还是学校管理都应当为培养学生的创新精神和实践能力创造良好的氛围。

（3）未来性。教育本来就是未来的事业。素质教育明确要求教育应对学生未来的发展负责，要满足社会未来发展的实际需要；着力于培养学生自我教育的能力，使学生在未来变化和革新的环境中，具有较强的适应能力和应变能力，并能通过自主学习，不断更新自己的知识结构，增强自己提出问题、分析问题、解决问题的意识和能力，从而适应社会发展的需要。

总之，素质教育明确规定了学校教育的目标定位，那就是在德智体全面发展的基础上，培养学生的创新精神和实践能力。

2. 原因之二：对传统教育弊端的批判性

把培养学生创新精神作为教育教学和学生自身发展的核心目标，是对传统教育弊端的深刻批判。

华东师范大学博士生导师路有诠教授说：“现行教育体制的最大弊端，就是忽视了学生的创新精神和学生的实践能力。”长期以来，我国基础教育是以“接受性”教育为本位的，重视对知识和经验的传递，强调掌握知识的数量，对“一次教育，终生受用”的观念深信不疑。这就造成了这样的现象：在德育工作上，注重说教，迷信灌输，忽视学生的道德实践和对德育要求的内化；在管理上强调服从，忽视学生的自我教育和自我管理，只要听话就是好学生；在教学上，“老师教，学生听”“老师教多少，学生学多少”，强调的是模仿，学生失去了学习的自主性。而且，分数成了评价老师和学生的唯一标准。因此，我们的中小学生是在被动地接受知识，是在死记硬背一些现成的答案，从而成为知识的容器……如今我们大力推进的素质教育，恰恰是对教育中种种弊端的批判，以实现学生从被动接受教育向主动自我教育的转变；从注重知识摄入向注重对知识的分析、判断、选择和创造性地运用转变；从片面追求知识目标向追求“全面发展基础上的个性发展”目标转变。路有诠教授讲道：“素质教育当然有丰富的内涵，但在每个特定的时期应该有其需要突出强调与培养的重点。我们现在需要突出的就是八个字：创新精神，实践能力。”

3. 原因之三：学生需要的迫切性

将培养创新精神和实践能力作为教育教学和学生自身发展的核心目标是对学生发展需要的最大满足。

在知识经济时代，最重要的素质是能够创造性地应对多元的、不断变化的环境。时代向我们提出这样的要求：教育要把培养创新精神和实践能力作为当前追求的核心目标，并把它作为衡量教育成败的最高标准，这不仅是国家未来发展和在国际竞争中立于不败之地的需要，也是针对我国基础教育两个最薄弱的环节所提出的重大课题。康万栋教授说：“面对新的形势和新的挑战，我国教育很不适应，特别是在培养学生的创新精神和实践能力方面，存在着明显的缺陷和不足。”

1998年教育部、团中央和中国科普研究所联合对31个省（自治区、直辖市）的11 800名大中学生创造力培养进行了调查。其结果如下：

调查列出具有初步创造力的三项特征：“探究能力”“对于新事物相关的想象力”及“有收集信息的能力”。同时具有这三项特征的占被调查者的14.9%。

调查列出具有初步创新人格的四项特征：“自信心强”“有强烈的好奇心”“能够质疑”和“意志坚强”。同时具有这四项特征的占被调查者的4.7%。

调查列出创造性思维的四种主要障碍：“过于严禁”“思维定式”“从众心理”及“信息饱和”。调查结果分析，随着年龄的增长，青少年的“思维定式”和“对权威服从”日益增强，而“观察”和“想象能力”却日益削

弱。（见《科技日报》1999 年 4 月 15 日）

学生创新精神和实践能力的缺失，必须引起我们的高度重视，这就要求我们的教师和学生家长做到以下四点：

（1）具有宽容的心态。容忍学生“不守成规”的观念和行为；容忍学生对自己行为、信念的反对；容忍学生在探索中的幼稚乃至失败。总之要鼓励学生的创新，为学生创造适于创新精神形成与发展的良好的心理以及自由和安全的氛围。

（2）要引导学生自主学好科学文化知识，更要培养学生的自学能力，因为知识是创新的基础，不学无术就谈不上创新。

（3）注重培养学生的创造性个性品质、高尚的品德和健康的心理，激发学生的创新精神。

（4）发挥目标的导向激励功能，保证创新的正确方向。

七、修炼“多一把尺子，多一批人才”的评价观

评价观是对学生评价标准和评价方法的本质看法。以分数高低作为评价学生优劣的唯一标准，显然是错误的。我们主张以素质教育的要求和《中小学生日常行为规范》为依据，制定评价标准，全方位、多角度地评价学生，即坚持“多一把尺子，多一批人才”的评价观。

一位中学老师曾设计一个话题，让学生讨论：“如果你买了一件假冒伪劣的电器，你将如何妥当地处理?”学生有的说自己动手修理，有的说凭发票退货，有的说向消费者协会投诉索赔，有的说在媒体上曝光。老师一一给予了肯定。轮到一位女同学，她憋了半天，才胆怯地说：“我没想好，我想让我爸爸帮忙。”几位同学偷偷地笑了，没想到这位老师说：“你的想法真好！当自己力所不及的时候，应当想到发挥别人的作用，你具备了高明的领导者的素质、才能和韬略。”并给了她一阵热烈的掌声。

这个案例充分表现出这位教师已经树立了“多一把尺子，多一批人才”的观念，善于发现学生不同做法中的合理成分，并一一给予肯定，在学生中于普通处发现优点。这是一种激励（赏识）教育，它能够增强学生的自信，张扬学生的个性。教师不要吝啬自己的赞美之词，特别是对胆怯、缺乏自信的学生更应给予特别的鼓励。

在评价方法上要摒弃由教师说了算的一言堂，而应广泛听取各方面的意见，实行开放性评价。另外，学生需要真实的具体的评价，当学生有了一定认识和判断能力的时候，泛滥的表扬有时会适得其反，激励和表扬都要发挥好“诊断”功能，没有关注“诊断”的表扬等于不表扬。

（一）有效利用即时性评语

即时性评语是相对于期末的操行评语而言的。它不受教育时空的限制，可以及时抓住教育契机，对学生的行为进行多种形式的即时性评价。这种评价方式，在课堂教学中，批改学生作业（试卷）中，各项教育活动和文体活动中，以及在一切与学生的交往中，只要发现学生优点和问题均可使用。即时性评语包括书面评语、口头评语、非语言信号评语和利用各种媒体传递的间接评语。

实际上，即时性评语早已被广大教育工作者广泛应用，只是提出“即时性评语”这一概念还是近期的事，因此，对它的研究和有意识地自觉应用才刚刚开始，对它的特点和功能还需做进一步研究。

（二）把握即时性评语的特点

即时性评语不同于操行评语。操行评语是班主任在学期末对学生一学期以来的操行表现所做的高度概括的书面评语，它是具有时间性的终结性的书面评语。而即时性评语与其相比有以下几个鲜明的特点：

1. 及时性

从时间意义上讲，即时性评语具有利用教育契机立即进行评价的及时性特点。不管什么场合、什么时间，只要教育工作者发现学生思想道德行为上的优点或出现的偏差以及学习中的进步或问题都要立即进行评价和教育引导。这种评语贯穿于师生正式交往和非正式交往的全过程，是教育工作者强烈的教育意识、责任意识的体现，同时也能体现教育工作者的教育机智和教育艺术。

2. **广阔性**

从空间意义上讲，即时性评语的应用范围很广，如前文所述，教育工作者在与学生的一切交往场合均可使用。同时，它也不像操行评语受容量的限制，因此，运用即时性评语对学生进行教育引导比起期末的操行评语不仅具有及时性的特点，而且更具广阔性。

3. **多样性**

从评价的形式上讲，即时性评语具有多样性的特点。它形式多样，可长可短。如在课堂教学中，教师多是运用口头语言和非语言信号的评语；在作业（试卷）批改时运用的则是书面评语……不少有经验的班主任和任课教师还成功地使用了间接评价的方法，即通过被评价学生的朋友或家长向其传递教师的褒奖和期望的信息，以达到激励的目的。比如，可以利用教师的家访或家长的校访。

4. **随机性**

随机性是教育工作者在教育教学过程中，能够随机应变地运用即时性评语。它是教育工作者教育智慧和教育艺术的体现。

一位教师正在上课，一迟到学生破门而入，旁若无人地坐到自己的座位上，令师生瞠目。当时，这位老师正讲到《游园不值》中的“小扣柴扉久不开”这句诗，他没有正面批评该生，而是立即提出：作者为什么“小扣”而不是“猛扣”呢？让同学们回答。当同学们回答“作者懂礼仪有礼貌”之后，老师便走到迟到者面前，拍着他的肩头轻轻地问："你同意大家的意见吗?"这位同学红着脸，低下了头。

尽管这位教师没有直接对该生破门而入的行为进行批评，但是，他那巧妙的提问，拍着肩膀的非语言期待信号，充分体现了这位教师善于随机应变地运用负强化激励艺术，也足以令该生惭愧和反省。

(三）发挥好即时性评语的基本功能

即时性评语与学期末的终结性操行评语相比，尽管都是将教师的评价信息反馈给学生，从而对学生良好思想品德的形成、良好行为习惯的养成，以及健康心理的发展发挥导向、激励的功能，但是，即时性评语由于具有及时性、广阔性、多样性和随机性等特点，因此，其导向和激励的功能更加持久和明显。

1. 导向功能

教师的言传身教对学生的全面健康发展具有指明行为方向的导向功能。在中小学教育中重视和强调教师的身教，即教师人格形象对学生的影响，这当然是正确的，但是如果忽视教师的言传，甚至把教师的言传视为夸夸其谈，忽视教师运用激励性的即时性评语对学生进行教育引导的功能，这显然是不对的。即时性评语的导向功能，即通过即时性评语为学生学会学习、学会生活、学会合作、学会审美、学会健体、学会做人指明方向，引导学生据此来调节自己的思想观念、行为方向，朝着培养目标努力奋斗。

如何才能充分发挥即时性评语的导向功能呢？关键是从以下几个方面去践行：一是教师必须努力实现以遵守教师职业道德为核心的人格形象的自我完善，因为即时性评语导向功能的发挥是以教师的人格形象为后盾的，学生不仅要看你是怎样说的，更要看你是怎样做的。二是要努力转变观念，提高教育水平，否则很可能会出现导向性错误。如一位教师在评价学生时说：

“你是一个沉默寡言的好孩子，从不惹是生非。”显然这位老师把好孩子的标准给定错了位。而一位特级教师给一位性格内向的学生则写了这样一则评语：“你应该有更多的欢乐和朋友，只要你再活泼、开朗一些，欢乐和朋友就会来到你的身边。”可见只有教育观念正确，才能发挥即时性评语的正确导向。三是语言要亲切中肯。俗话说“感人心者莫先乎情”，即时性评语的语言亲切才能感人，才能使学生“亲其师，信其道”；只有语言中肯准确才不致发生导向错误。因此，运用即时性评语切忌感情用事、以偏概全，中肯准确才能使评语真正起到引导的作用。

2. 激励功能

即时性评语作为教师的积极期待信息传递给学生，从而发挥激发学生正确的行为动机、调动学生行为积极性的激励功能，因此，即时性评语不是教师随意说出的、写出的，而是依据素质教育的目标要求，针对学生正确与错误的行为及其动机而发出导向性的期望信息，为学生端正动机、强化正确的行为、纠正错误的行为指明方向。而且，即时性评语代表了教师对学生思想品德和学业情况的认可程度，肯定性的评语能使学生获得心理上的满足，强化其要求进步和努力学习的积极性；中肯恰当的批评评语，也会使他们意识到自己的不足从而产生正确的行为动机，形成一种紧迫感和行为动力。

一位教师在指导学生解方程 $x-2ax^2+a^2-a=0$ 时，多数学生习惯把 x 当做未知数，结果是久攻不下，而一位学生视 a 为未知数将原方程变形为 $a^2-a\ (2x^2+1)\ +x=0$，然后分解因式，很快解出了这个方程。这位教师立刻作出如下评语：“你能及时调整视角改变思维重心，说明你有敏锐的观察力、灵活的应变能力，你的思维素质不同寻常!”

这样的评语表达了教师对学生的称赞，无疑会满足学生的成就感，更加激发学生的学习热情。

如何才能最大程度地发挥即时性评语的激励功能呢？关键是要做到以下几点：一是增强责任意识，充分运用即时性评语。只有责任意识强的教师才能发现学生的进步和闪光点，才能把握激励学生的素材，并及时给予中肯的评价。二是以鼓励为主，因势利导。教师发现学生的进步和闪光点后，要立即给予表扬。评价后进生时千万不能“哪壶不开提哪壶”。因为任何学生都有强烈的自尊心，都有要求进步的强烈愿望。如果老是一味指责，甚至讽刺挖苦，必然会造成学生的逆反心理，以至于“破罐破摔”。

一位学生平时写作业十分潦草，有的老师多次批评，甚至讽刺他的作业“像蜘蛛爬”，结果是没有一点好转。一次，班主任老师发现他写的作业尽管仍然很乱，但其中有用贴纸条修改的地方，于是，老师在作业旁边写上这样的评语：“这张修补纸条的背后，说明你有写好作业的愿望和行动，这实在令老师高兴！我相信只要认真就会把作业写得工工整整。”这样简单的几句评语使该生的作业有了很大变化。

强调以鼓励为主，不是不要批评，然而批评也要讲究艺术。三是注意科学性。科学性是充分发挥即时性评语激励功能的关键。教师在运用即时性评语时，要认真考虑能够影响学生积极性的各种诱因，并进行科学的选择。特别要研究影响学生行为的各种变量，内在的与外在的、生理的与心理的、历史的与现实的、可见的与不可见的，及其之间各种相互关系。应该做到：①激励的目标要适度。教师要了解学生的近期目标和发展目标，激励过程中提出的目标要适度。②激励的强度要适宜。学生有了成绩和进步必须予以表扬鼓励，有了缺点也应批评，但必须是实事求是的、一分为二的，不管是正强化激励还是负强化激励，一旦失度就会走向反面。比如，把小有成绩的学生称为“天才”“神童”；相反，对犯了错误的后进生就说他不可救药，这些都是不科学的。什么事过了头就会适得其反。③激励的时机要恰当。争取最早一分钟或坚持最后一分钟都可以争取最大的时效。这就要求教师把握运用即时性评语的时机。一般来讲，需要及时表扬、奖励的不能拖着不办或轻描淡写，而学生有了缺点，在没搞清原因时就草率批评也会产生不良的后果。④激励的结构要合理。激励结构是指各种激励诱因的选择要科学，并使之相互配合、相互协调、相得益彰。不能夸大某一激励诱因的作用，而忽视另一激励诱因的作用。比如，过分强调规章制度的强化管理而忽视以人为本的民主管理，强调满足学生的物质需要而忽视其精神需要；或反之，都会出现偏差。因此，运用即时性评语激励学生时，必须把目标的与动机的、制度的与情感的、物质的与精神的、外在（榜样）的与内在（自我激励）的、正强化的与负强化的诱因有机结合起来，也要把奖励个人与奖励集体结合起来。

可以说评语的全部意义在于鼓励学生自身发展。即时性评语的导向功能也罢、激励功能也罢，其最终目的是促进学生素质的全面发展。学生的发展当然要靠教育工作者的教育引导，但这种教育引导是一种他律，学生只有将这种他律转变为自律，才能真正实现自我发展。著名心理学家威廉·詹姆斯说：“人性中最深切的禀质是被人赏识的渴望。”是否可以这样理解，开发学生潜能，促进学生发展的最有效的方法是赏识和鼓励。记得心理学家曾把各种评价方式对学生的影响做了一个对比实验，发现“鼓励组”的学生进步最大，“表扬组”次之，“批评组”开始进步而后直线下降，“不批评不表扬组”学习最差。实验者认为，这个实验对不同年龄的学生会有一些差异，但基本结论是不容置疑的。

即时性评语，不管是书面评语还是口头评语，也不管是非语言信号评语还是间接评语，都应当是在尊重学生主体人格的前提下，合理运用正负强化激励的方法，而且应当以正强化激励为主，即通过表扬鼓励调动学生的积极性，促进其尽快实现由他律向自律发展。

从即时性评语的特点和功能看，它对于培养学生自我评价能力，形成自律精神，促进学生素质的全面发展具有现实意义和长远意义，必须引起广大教育工作者的高度重视，并且要自觉而灵活地加以应用。

八、修炼教育民主观

教育民主观，即承认学生个性的价值，在教育教学中具有强烈民主意识，把尊重学生作为第一原则，始终坚持用民主平等的态度与学生交往，商讨问题，彻底改变传统观念中那种专制型的管理方法，充分发展学生的创造性个性品质。

一次上课，曹中原老师问学生："世贸组织简称是什么?"一学生回答："WTO"，小林插嘴说："打屁呕"，全班哗然。曹老师目视小林后，继续上课。

下课后曹老师与小林在楼梯口相遇，小林满脸通红。曹老师却笑着说："你的想象力很丰富，但比喻不贴切。"小林低着头说："以后我不插嘴了。""没关系，你再想想，看能不能比喻贴切些。"曹老师鼓励着他。

第二天，曹老师问小林，小林说："W与T可分别比做两个陷阱和一个拐杖。说明中国入世后会遇到许多陷阱，我们用拐杖探路，但还是失败了。"曹老师说："太悲观了，再想想……"

数日后，小林来找曹老师说："W可比喻成两个V，V是Victory（胜利）的缩写；T是try（尝试）的缩写；O是ok的缩写。说明中国入世后会不断走向胜利，只要我们敢尝试，最后一定会OK。"曹老师为之拍手叫绝，连连夸小林聪明。

不久，曹老师收到小林的一张字条，上面写着"……是您的宽容和鼓励，使我产生了学习的兴趣，您是我心中最好的老师"。

这是曹老师课上遇到的一起偶发事件，充分体现了一位优秀教师善于控制自己情绪的能力和宽容的博大胸怀。宽容是教育智慧的体现，它保护了学生的自尊，因此也获得了学生的尊敬。尤其令人钦佩的是，曹老师为了激发学生的想象力，在学生表示认错的时候却说“没关系”，要求学生“再想想”，把它“比喻贴切”些，鼓励学生放飞想象，于是才有令曹老师“拍手叫绝”的比喻。曹老师不愧为“最好的老师”。

九、修炼“与时俱进”的课程观

确立课程意识，积极投入基础教育课程改革。

“让学生学习什么”和“让学生怎样学习”具有同样重要的意义。目前，全面启动的基础教育课程改革是扎实推进素质教育的核心和关键。课程集中体现了教育思想和教育观念，课程是组织教育教学活动的最主要的依据。在有限的学制、课时里，既要增加新的学习内容，又要减轻学生过重的课业负担，并在此基础上提高教学质量，这是一个突出的矛盾，也是一个永恒的矛盾。要解决这个矛盾，应当在不同层面上找办法。我们要积极应对课程改革，一要认真学习、深刻领会课程改革的指导思想和基本理念，增强课程意识、责任意识和发展意识；二要进一步提高自身的业务水平和教学能力，包括教学设计能力、教学实施能力和教学监控能力；三是要指导学生改变学习方式，帮助学生形成一种主动参与、乐于探究、勤于动手并应用理论知识解决实际问题的学习方式。

开发校本课程有利于提高课程的适应性，用学科的眼光看世界；教师也不再是教科书的执行者，而是课程的开发者。即“教师是用教材教，而非教教材”。为此，教师应树立“我是教材开发的实践者”的观念，为开发校本课程贡献力量。江苏省武进高级中学，在这方面给我们作出了榜样，他们开发了“生存方式与未来发展”的校本课程，并以此为牵引，开展系列主题活动，组织学生考察当前社会生活方式，谋划未来发展，培养学生创造性人格，形成了学校德育的一大特色。他们还开发了“异域文化和本土知识”的校本课程，以继承本土文化精华，培养学生学习异国语言的兴趣，增强学生参与国际交流的意识，从而形成学校语言文化教育特色。学校开发了“科技进步与生态环境”的校本课程，为学生提供了接受科学教育的机会，形成了学校科学教育的特色。上海市沪新中学为弘扬学校生命教育的特色，共同编写了《科学生命观教育读本》，并与系列主题班会相结合，大大提高了学校德育的实效性，使学生更加珍惜生命，尊重生命，热爱生命，自觉提高生存技能，主动提升生命质量。

第二节　修炼方法

原教育部部长陈至立说："更新教育观念，要学习，要思考，更要实践。广大教师要以积极进取的精神状态，自觉学习新思想，掌握新知识，认清新形势，研究新情况，解决新问题，做素质教育的实践者。"这段话给我们指出了修炼师观的具体方法。

任何一种教育行为都是在某种教育观念支配下的教育实践，任何一种教育改革措施也必然受教育观念转变的带动，教育观念必须建立在教师接受、理解、认同的基础上才能发挥作用。因此，引导教师更新教育观念，是学校推动素质教育的根本性工作，是实现教师专业化的先导工作，是绝对不能等闲视之的。当然，最根本的还要靠教师的自我修炼。

更新教育观念，教师应从以下几方面修炼自己：

一、实现由"外在要求"向"内在需求"转化

实现由外到内的转化，即设法使教育部门的指令、专家的倡导和领导的要求等外部因素，被教师理解、接受、认同，从而内化为教师个体的认识（观念）。教师对现实的教育现象、教育问题，进行分析、理解、认同，进而形成个体观念。并由情感水平层面向理性水平层面和信仰水平层面逐步提升。

情感水平的教育观念，是指个体对教育现象和规律有比较直观的认识。

理性水平的教育观念，指的是主体对教育问题进行了思考、符合教育发展要求，又被个体内心认同的理性认识。

信仰水平的教育观念，则是指主体对一定教育主张、原则的确认和

信奉。

从情感、理性的水平提升到信仰的水平有一个非常艰难的过程，但也恰恰体现了更新教育观念的最高价值。天津市津南区咸水沽二中为了使教师真正树立起科学的教育观念，在教师中开展了“当一天学生”的活动，这项活动大大触动了教师的心灵，引发其与学生换位思考，实现了教师教育观念的深刻变革。王会平副校长在总结活动时指出：

> 我校反复要求科任教师和班主任在教育教学中要树立以学生为本的观念，可以说已经做到了尽人皆知，而且人人都能对此讲出一些科学的道理，但在工作中不尊重学生人格、不尊重学生主体地位，甚至讽刺、挖苦学生的现象却时有发生。课上满堂灌，学生过重课业负担仍未有效解决。这仍然是观念未解决好的原因，而且光凭领导要求是不够的，必须让他们在实践中感悟观念的重要，才能提高观念水平。为此，我校在教师中开展了“当一天学生”的活动，并组织教师进行充分讨论，谈体会、说心得、树观念。老师们感触颇多，真正认识到了以学生为本的学生观的深刻内涵和其指导教师教育行为的价值。这次活动有效提高了教师的观念水平，即逐步使老师个体观念从理性水平上升到信仰水平。

二、自觉抵制影响观念更新的外部制约因素

作为教师，可能无法抗拒应试教育的潮流，但是，从教师专业自主的角度说，教师完全可以在自己的课堂上抵制这种错误的现实。北京市清华附小特级教师窦桂梅说：“专业自我，指教师独立的思想和人格。具有专业素养的教师，对自己的课堂，能够做出明智的判断；对自己的工作，能够进行妥善处理，能不受外来干预的影响。”

教育部于 2002 年 12 月 18 日公布了体现全新教育理念的“中小学评价与考试制度改革方案”。这是新中国成立以来第一个较为全面的中小学评价与

考试制度改革的指导性文件，从此，“以分数论学生”将成为历史。前文曾论述过现行的评价与考试制度已经成为推行素质教育的瓶颈，与素质教育观念形成严重的对立。教育部这次制定的《关于积极推进中小学评价和考试制度改革的通知》，提出要建立三个评价体系：

一是以促进学生发展为目标的评价体系；

二是促进教师职业道德和专业水平提高的评价体系；

三是提高学校教育质量的评价体系。

其核心是发挥评价促进发展的功能，评价标准和评价方法也发生了根本的改变。比如，评价学生的内容包括基础性发展目标和学科学习目标，其中基础性发展目标包括道德品质、公民素质、学习能力、交流与合作能力、运动与健康、审美与表现等六个方面。

各学科课程标准中对学生学习目标都作出了详尽的规定，并对评价方式提出了具体建议。

这一切无疑会对推进素质教育产生深远的影响，也为教师更新观念以及提高专业化素质，创造良好的外部环境。

山东临沭县教育局孙仕满先生认为：“评价学生，切莫张口就来。”教师承担着教书育人的责任，必须对学生加以教导，在传授给学生文化知识的同时，还要进行管理，可是这种管理的出发点应该立足于学生的发展。教师情绪激动时过激的评价，很容易伤害学生的自尊心，打击他们的上进心，很容易使意志脆弱的学生从此一蹶不振，使敏感自尊的学生产生反感与对抗情绪。这与评价的初衷是背道而驰的。

然而，这种具有杀伤力的评语，在我们的校园里随处可以听到。比如学生上课时坐不住，有的老师就以“没有人样”评之；学生写字不工整，有的老师就以“永远也写不好”评之；有的学生在教师讲授两遍后仍然不得要领，有的老师就以“比猪还笨”评之；学生打扫卫生不够干净，有的老师就以“你们还能干什么”评之……

以上种种，当然与教师恨铁不成钢的急切心情有关，但是仔细想来，如果学生每一件事情都做得非常出色，那还要我们教师做什么？就因为孩子不想做、不会做、做不好，我们才有存在的价值。岂能以成人的好恶对孩子做如此伤害人心的评价呢？

说到底，这种伤人的评语，反映了一种极不和谐的师生关系。仔细品味以上这些评语，任何具有平等观念的人都是无法接受的。谈起新课改，说起新教育理念，我们总是把尊重、信任、理解和宽容挂在嘴边，可是在许多教师的内心深处，总觉得学生是孩子，他们就应该接受批评，不讽刺、打击以及挖苦，就体现不出教育的效果。其实，为人师者，切忌以自己的好恶任意评价，特别是在自己动怒之时，一定要三缄其口，切忌随口而出、张口就来。

德国教育家第斯多惠说过："教学的艺术不在于传授本领，而在于激励、唤醒和鼓舞。"教育的光芒，在于发现并小心呵护学生内心深处的火花，让其不断蔓延，从而激起学生上进的信心。

教育评价应当慎重，并不是说学生犯了错误就不能批评。出了问题，该批评就要批评，该指出就要指出，只是如何批评、怎样指出、在什么场合、把握什么样的分寸，就体现了教师教育水平的高下。那种不顾场合、随口而出、上纲上线、以事论人的评价，学生是很难接受的，教育效果也是可想而知的。

那是一次晨练，有一名学生没到，班主任袁老师悄悄地来到宿舍，这名学生还没有起床，他就坐在一旁等待。当该学生抬头发现班主任就坐在身旁时，马上坐了起来。袁老师连忙让他躺好，并告诉他如果身体不舒服，就不要起床了，说着，给这名学生倒了一杯热水。没有任何的说教与训斥，那名学生惭愧地低下了头，从那以后，他再也没有逃过课。

教育最高的境界是无痕，教育的结局却总是有遗憾处。圣人如孔子者，尚有值得警醒处，何况我等凡夫俗子。为师者，面对学生，评价时焉能不慎重哉！

三、自觉在实践中更新观念

教师的教育行为是教育观念支配下的实践行为，其教育实践也无不反映教师的教育观念。这里要表达的意思是需要消除理论与实践的隔离，把源于实践的观念回归到实践中去，这样才能有效发挥观念的实质性的价值。但是，教师观念的更新仍然任重而道远。现实中，大多数教师仍然按教材、教参依样操作，这种稳定性一时还难以打破。有良知的教师必须从我做起，让学生在一种和谐的氛围中学习，调整好学生的情绪，激发学生学习的主动性和积极性。

在这方面，广东东莞常平镇振兴中学易建军老师的做法值得倡导，他每次讲课前总是先讲一个生动的故事，或做一个学生意想不到的实验，既活跃了课堂气氛，消除了学生心理紧张和压抑，又创造了一个轻松和谐的教学环境，使学生乐学、爱学。

> 比如，在讲《惯性现象》这一节时，易老师讲了一个笑话：一辆拥挤的公共汽车正在匀速行驶，突然从岔道里跑出来一只狗，司机慌忙刹车，一位男子故意撞他后面的一位女士，这位女士气愤地说："瞧瞧你的德性!"这位男子大言不惭地说："不，这不是德性，这是惯性。"说罢同学们哄堂大笑，接着易老师马上问："这是德性问题，还是惯性问题，为什么?"同学们伴着笑声，立即进入了角色，进行讨论，学习变得开心又投入。

在高度重视引导学生"感知—分析"或"假设—验证"的方式中发现结论，使新课程标准基本观念之一的"注重科学探究，提倡学习方式多样化"得到了充分体现。学生在自我发现中感受到创造的快乐和生命的价值。易老师在《光现象》的教学中，带领学生在操场做了如下的实验：

> 事先准备好三棱镜、平面镜、水盆、玻璃杯、食用油、肥皂水等物品，将它们杂乱地堆在一角。上课时先让学生闭上眼睛，再睁开来感受灿烂的阳光，再通过一个问题引发思考——怎样在晴天看彩虹？学生以小组为单位自己选器材分头行动。各小组的发现令易老师惊喜万分。比如，不用任何器材，眯起眼睛或透过手指缝看太阳；用三棱镜使一束太阳光分解；用平面镜、水盆组合；用盛水玻璃杯……竟有十多种方法。老师在肯定了每一组学生的发现后，再帮助学生将这些现象加以区分，强调哪些是光的色散，哪些不是。

教师个体观念的更新绝非简单的教育科学普及、教育观念讨论所能奏效的，教师自身必须坚持“用先进的教育观念武装自己的头脑并指导教育实践，在教育实践中更新观念”的原则。

四、自觉修炼专业意识

按照素质教育的观念，要提高教育教学质量，必须确立主体意识、民主意识、服务意识和课程意识。

（一）自觉修炼专业自主意识

教师专业自主意识是实现教师专业化的基础和前提。它既能帮助教师对自己过去的发展状况和目前发展水平有一个清醒的认识，并将其与未来发展的目标结合起来，做到用已有的发展水平去规划未来的发展方向，又能用未来发展目标指导、支配现在的教育教学行为，增强对自主专业发展的责任感和义务感，不断提高专业化水平。自主专业发展意识包括教师工作的价值意识、责任意识、专业意识、自律意识和规划意识。

教师要实现自主专业发展，还要加强学习，提高自主专业发展意识：

一要深刻领会教师工作的意义，增强价值意识。陶行知先生说：“教师的手里掌握着许多家庭的家运和国家的国运。”正如现在人们常说的“国运兴衰系于教育，教育兴衰系于教师”一样，说的都是教师工作的重要性。教师肩负着为社会主义建设培养德智体美全面发展的人才的重任，通过自己教书育人、管理育人、服务育人，教学生学会做人、做事、做学问。教师只有确立了工作的价值意识，才能自觉严格地要求自己，不断提高自己的专业素养。

二要认真学习教师职责和《师德规范》，增强责任意识。教师要履行教师工作职责，完成好“三育人”的任务，要把《师德规范》变为自觉行动，就必须增强责任意识，不仅要引导学生确立远大志向，增强爱国情感，明确学习目的，端正学习态度，养成良好的行为习惯，而且要在教育教学中，对学生实施精神关怀，帮助学生明辨是非、善恶和美丑，树立社会主义荣辱观。还要指导他们学好科学文化知识，提高人文素养。教师有了这种责任意识，才能千方百计地去学习、去实践，进而提高自身的专业水平，有效地承担自己的艰巨任务。

三要认清教师岗位是专业性岗位，提高专业意识。许多教师对自己岗位的专业性缺乏正确的认识，认为只要有知识就能当教师，对其岗位的不可替代性缺乏认知。这会严重影响教师提高专业化水平的热情和积极性。专业意识是指对所从事的教育教学工作的深刻理解和自觉认同，有了这种认同才会明确教师岗位需要有较高专业素质和人格魅力的人来承担；教师工作是极其复杂的智慧性工作，必须具有崇高的职业信念和职业道德，并需要不断修炼自身的职业精神以及专业知识和专业能力，不是拍拍脑门就能做好的。这样可以增强教师的自豪感，自觉实现专业发展。

四要认真学习教师任职条件，提高自律意识。教师走专业化道路，既要有良好的外部条件，如政府的政策保障、学校的文化环境等，更需要教师在任职条件的指引下，自觉修炼自己的师德水平、规范自己的教学行为，提高自己的专业知识和专业能力。

（二）确立主体意识，创设学生主动参与的情境

成长无法替代，发展必须主动。素质的形成和发展是一个不断内化的过程，内化的不可替代性，决定了教育教学活动必须充分发挥学生的主体性。

“带着知识走向学生”，不过是“授人以鱼”；“带着学生走向知识”，才是“授人以渔”。教师是学生成才的引导者、学生发展的领路人，而学生本人才是成长的主人、发展的主体。人的主体性只有在活动中才能形成，只有在活动中才能发展。主动参与，有助于学生自觉掌握科学知识和相关的思想方法，获得自我表现的机会和发展的主动权，形成良好的个性与健全的人格。教师的任务就是要创设学生主动参与的境界，提供学生主动选择的空间。

（三）确立民主意识，只有尊重学生，才能教育学生

没有尊重，就不可能有真正意义上的教育。师爱的最高境界是友情，师爱的基础条件是平等。在学生心目中，亦师亦友、民主平等，是“好教师”的最重要的特征。教师善于为学生营造宽松愉悦的成长环境，甚至比知识是否渊博更为重要；教师与学生的关系和谐了，学生自然会对学习产生兴趣。民主平等的课堂生活能创设宽松愉悦的学习环境，教师对学生的尊重，是减轻学生心理重负的重要因素。青少年学生特别渴求和珍惜教师的关爱，师生间真挚的情感，必定有着神奇的教育效果。教师的关爱会使学生自觉地尊重教师的劳动，希望与教师合作，主动向教师坦露自己的思想。因此，教师要对学生倾注全部情感，和学生平等相处，以诚相待，给学生以亲切感、安全感和信赖感。事实上，当学生能对你说悄悄话的时候，你的教育就已经成功了。特别是教师如何处理自己的缺点和错误，最能体现教师是否具有民主意识。

李老师的“检讨书”

教室里有块小黑板，专门用来张贴孩子们写的检查，比如，乱扔垃圾的，不遵守纪律的，路队表现差的……小家伙们认识到自己

所犯的错误后，写下一纸保证，就等于在全班同学面前来了个郑重承诺，表示愿意接受大家的监督并改正。此举不但可以对其他孩子起到警示作用，而且还能锻炼孩子们的语言组织能力。令人遗憾的是，小家伙们忘性实在太强，自觉性实在太差。检查写过，黑板贴过，没过几天一切又从头来过了。

直到有那么一天……

那天下午我刚进教室，就看见许多同学围着小黑板叽叽喳喳议论着什么，貌似比往日的反应要激烈得多。是哪个同学违反了什么纪律，写了怎样的检查引起了如此轰动的效应呢？我非常好奇，挤过去一看，不由得怔住了。内容如下：亲爱的同学们，非常对不起。作为周一的卫生区值日生，李老师到校整整迟到了三分钟，违反了我们班级的规定。为了弥补这个过错，老师决定明天继续值日。恳请同学们监督。学生们叽叽喳喳议论开了。老师将自己安排为值日生本来就是新鲜事，老师还向学生做检讨，确实是闻所未闻。站在一旁看热闹的我，不由得想起了自己，毕业后从教已经接近十年，要说没有过错绝对不可能，但为了留住自己的面子，维护所谓的“师道尊严”，哪一次不是找个冠冕堂皇的理由搪塞了之呢？师生平等在很多时候都变成了一句空话。是的，不论教龄长短，同事们皆有同感，小孩子不懂事，“蹬着鼻子就上脸，给点阳光就灿烂”。压不住学生，学生不怕自己，那就是教师的失败。尽管新课程理念已经实施了好多年，好多教师仍然不敢俯下身子与学生完全平等地相处。

李老师的“检讨书”犹如一枚石子投入平静的水面，圈圈涟漪荡漾开去，之后会有什么样的效果呢？孩子们能够体味老师的良苦用心吗？

表面上孩子们似乎已经忘却了这件事情，但细心观察不难发现，大多数值日生们不好意思再像从前一样拖拖拉拉地“上岗”，干活时追逐嬉闹的现象也少了许多。而且，因为得到了老师同样的尊重，孩子们也变得比以前更加有礼貌了。

看来，教师平等对待学生，给予他们尊重，真的是“春风化雨，润物无声”。真诚的教师，朴实的言行，会在无形之中感化孩子们幼小纯真的心灵。当然，一次“检讨”不可能让班级所有管理工作都大为改善，但类似的检讨或反思若能引起教师的重视的话，这将会成为一扇扇通往学生心灵的窗户、一座座师生之间沟通的桥梁。

（四）确立服务意识，为学生的学习活动提供有效服务

教育服务是WTO服务贸易的一类，按照我国加入WTO的教育服务承诺，教育要强化服务观。在注重教育培养人、教育人的功能的同时，更要突出强调现代教育作为一种服务提供给大众。要努力提供质量优良、品种多样、满足不同层次需求的教育服务。教师要为学习者的学习活动提供有效服务，而不是为完成上级规定的教学任务服务。传统教育中“注入式”“填鸭式”教学的弊端就是教师简单地将自己的理解强加给学生。教师要自觉改变传统教学中“我讲你听”的教学模式。那种认为教师只能考虑教材、教案要求，讲授越充分、越精细就越好的思想，非改不可；那种认为学生只是被动听讲，越安静、越能跟着教师思维走就越好的观念，不变不行。

按教育规律施教，就要认真学习教育理论，以现代教育观念为指导，转变自己的教育观念和教育行为，这是提高教育质量和实现自身价值的“双赢”策略。

五、在阅读、学习中更新教育观念

我们天天从事纷繁的教育工作，却难以说清楚什么是教育。究其原因，是许多教师没有阅读的需求，没有了解教育发展前沿的需求，没有觉悟到阅读是走向教师职业化的迫切需要。有人搞了一辈子教育，却对阅读毫无兴

趣，甚至不能读懂一些基本的教育理论著作。在倡导教师专业化的今天，这难道不是很可怕的现象吗？

一些学校和教师正陷入一种封闭落后的教育思想状态。例如，如何对待儿童的顽皮现象？如何对待普遍存在的体罚？如何化解师生冲突，建立合作、和谐的师生关系？如何改变灌输式教学，实施启发式和创新性教学？如何帮助学困生提高学习能力？这些都是目前学校教育亟须解决的问题。

然而，有的教师停留于个人经验主义层面的有限思考，甚至不知晓一些常识性的教育思想。这些思想提倡了很多年，按说，应该毫不新奇，但很多教师从来没有认真思考过。例如，信任儿童、尊重儿童，我们喊了半个世纪，但今天体罚儿童的现象在不少地方依然存在。事实上，我们尚未彻底清除陈旧的儿童观，尚未完全建立平等和谐的师生关系，我们依然把儿童看做小大人，用许多不恰当的方式要求他们。

“一切为了学生”“为了学生的一切”——这些人本化的教育思想几乎可以倒背如流，但一些学校依然处于摧残儿童的状态，并没有真正理解“儿童发展”的含义。杜威曾经不无忧虑地指出，正确的思想一旦流于口号，人们将会减少对实践问题的思考。今日观之，此言不谬！

历代教育革新家积累的经验和思想应该成为我们改造教育的革新力量。如何让教师掌握革新性的教育思想呢？常见的做法是参观学习，听会议报告，请人做讲座……但实践证明，这些方式对教师转变观念并没有明显效果。如果这些活动只是追求一时热闹，没有教师自己的认真学习、思考和吸收，就难以带来教师观念的真正转变。

近几年，我们开始指导教师读书学习。一些小学教师被《把整个心灵献给孩子》和《无分数教育三部曲》深深打动，改变了旧有的儿童观，教学出现了极大革新变化。一些中学教师读了《公民的诞生》，用心理学知识反思教学实践，发现了自己所犯的经验主义错误。他们借鉴加德纳的“多元智能理论”，看到了人类自然潜能的发展存在多个方向，看到学生身上蕴藏着各种聪明才智。

如何看待儿童的顽皮？这些著作告诉我们，顽皮是儿童时代的天性，没有顽皮就没有儿童智慧的发展。教师不要总以成人的思维和视角要求孩子，应该在尊重儿童生活的前提下开发儿童智慧，尤其要从心底热爱儿童、信任儿童、相信儿童的创造力，建立平等、和谐的师生关系。

经典教育作家用无数事例告诉我们，儿童的好奇和疑问包含着无穷的创造力，因而只有探索未知的教学才是好的教学。

新教育和课程改革把儿童置于教育过程的中心，儿童的发展成为教育的基本理念，儿童丰富多彩的生活成为教育过程的基础。儿童的发展是教育的目的，而知识、技能、技巧是达到目的的手段，让儿童形成发展的能力，将有助于他们掌握更加复杂的知识。这是需要认真思考和掌握的重要思想，是教育历史的经验总结，也是保证学校教育健康发展的正确方向。

显然，阅读学习和反思实践能够帮助教师理解上述问题，有效地更新教育观念，从而不断走向专业化。

Jiao Shi Zhuan Ye Hua Wu Xiang Xiu Lian

第二章 师德修炼

师德修炼，对于教师来说，是一个永恒的主题。作为一名合格的教师、优秀的教师，不仅要有渊博的知识、聪颖的智慧，还要有崇高的师德风尚，时时处处能够为人师表。

所谓师德，就是教师的思想品德和职业道德，是教师这个特殊的社会角色在从事教育工作中所逐步形成的道德观念、道德情操、道德行为和道德意志，是教师在日常生活和职业活动中所遵循的行为规范和必备的道德品质。

为人师者，要具有高尚的道德情操和职业道德素质，这是古今中外任何一个国度都要提出的社会要求。因为，教师在任何时代、任何国家都被认为是最崇高、最神圣、最光荣和最受人尊重的职业。英国著名的教育学家洛克说："做导师的人，自己应当具有良好的教养，随人、随时、随地，都有适当的举止和礼貌。"俄国伟大的现实主义作家列夫·托尔斯泰则说："如果一个教师没有树立起一个比他的学生更崇高的人生观，就不应该登上讲台。"所以，良好的师德，向来被认为是一名教师最基本的专业素质。

中国是历史悠久的礼仪之邦，历来重视"品德"，认为"德"是做人的根本，是"百行之首"，是"事业之基"，对师德更是重视有加。被誉为万世之表的孔子说："德之不修，学之不讲，闻义不能徙，不善不能改，是吾忧也。"《韩诗外传》中说："智如泉源，行可以为表仪者，人师也！"明代陆世仪在《思辨录辑要》中说："凡学校之师，不论乡学、国学、太学，绝当以德行学问为主。"汉代的扬雄更是说得恳切："师哉！师哉！桐子（即童子）

之命也!”意思是说，老师呀，老师！你简直就是儿童的生命啊！为什么这样说呢？就是说，教师不仅要教孩子们读书识字，还要教给孩子们做人的道理，更要以自己做人的榜样去影响孩子。有了知识和做人的道德，儿童才具有真正意义上的生命！

教师要具有良好的师德，这是教师职业性质决定的。教师，是给人们“传道、授业、解惑”的，是世人做人的典范和楷模，其高尚的师德就是对学生最良好的教育。因此，教师具有堪为人师的品德和素质是理所当然的！温家宝总理今年教师节前夕与北京部分中小学教师座谈时语重心长地说：“教师工作既平凡又不平凡。教师不是雕塑家，却塑造着世界上最珍贵的艺术品……广大教师应当成为善良的使者、挚爱的化身，做一名品格优秀、业务精良、职业道德高尚的教育工作者。”

教师应具有良好的师德，是党和国家教育方针的内在要求。我们的教育方针要求教育必须为社会主义建设服务，为人民服务，培养德智体美全面发展的社会主义建设者和接班人。教师只有具有良好的道德素养，才能很好地完成历史使命。正如伟大的无产阶级教育家徐特立所说：“教书不仅是传授知识，更重要的是教人，教育后一代成长为具有共产主义思想品质的人。因此，做人民教师的人，他的思想品质的好坏，也就格外显得重要。”

教师具有良好的师德，还是青少年学生健康成长的需要。学高为师，身正为范。教师其身正，不令而行。教师具有高尚的师德，才能以其令人敬仰的道德风范使学生“亲其师，信其道”，进而学习之，效仿之，追随之。加里宁曾经说过：“教师的世界观，他的品行，他的生活，他对每一现象的态度，都这样那样地影响着全体学生……”一代宗师季羡林寂然仙逝，千人悲痛，万人扼腕，举国肃穆，人们为其学识渊博而折服，更为其崇高的师者风范而高山仰止！温总理说：“教师个人的范例，对于学生心灵的健康和成长是任何东西都不可代替的最灿烂的阳光。广大教师要加强师德修养，以自己高尚的情操、良好的思想道德风范去教育和感染学生，以自身的人格魅力和卓有成效的工作赢得全社会的尊重。”

一直以来，党和国家高度重视教师队伍的建设，并把师德建设放在教师队伍建设的首位，强调“教育发展，教师为本；教师素质，师德为魂”。胡锦涛在全国优秀教师代表座谈会上，高度赞扬了广大教师身上表现出的胸怀祖国、热爱人民、学为人师、行为世范、默默耕耘、无私奉献的高尚精神，同时，对全国教师提出殷切期望：

> 广大教师要自觉坚持社会主义核心价值体系，带头实践社会主义荣辱观，不断加强师德修养，把个人理想、本职工作与祖国发展、人民幸福紧密联系起来，树立高尚的道德情操和精神追求，甘为人梯，乐于奉献，静下心来教书，潜下心来育人，努力做受学生爱戴、让人民满意的教师。

第一节　修炼内容

一、树立远大的志向

2008年重新修订的《师德规范》中对教师的职业道德提出了“爱国守法”“爱岗敬业”“关爱学生”“教书育人”“为人师表”和“终身学习”等要求。教师不仅要将其牢记在心，而且要将其变为自己的实际行动。这就需要教师在工作实践中有一个长期修炼的过程，使自己成为一位师德高尚的从业者。

修炼师德重要的是要树立远大的志向，这是教师师德修炼的首要内容。树立远大的志向，就是要树立远大的理想。什么是理想？理想是指引人们终生奋斗的目标。列夫·托尔斯泰说：“理想是指路明灯。没有理想，就没有坚定的方向；没有方向，就没有生活。”人的一生，无论从事什么职业，都需要有远大的理想指引。记得伟大的无产阶级战士吴运铎曾经说过一段著名的话：“革命理想，不是可有可无的点缀品，而是一个人生命的动力，有了理想就等于有了灵魂。”在20世纪五六十年代，吴运铎身残志坚的英雄事迹，鼓舞了一代又一代的青年树立了为建设社会主义祖国而奋斗终生的光辉理想。

树立远大的理想，就是要树立“以天下为己任”的雄心壮志和豪迈情怀。中国知识分子向来就有这种胸怀天下、精忠报国的传统，即所谓“天下兴亡，匹夫有责”。从陈璧的“一片丹心图报国，千秋青史胜封侯”到林则徐的“苟利国家生死以，岂因祸福避趋之”，从范仲淹的“先天下之忧而忧，后天下之乐而乐”到欧阳修的“孤忠一许国，家事岂复恤”，几千年来，无数篇浩然正气的诗章淋漓尽致地抒发了爱国知识分子的壮烈情怀。

今天我们做教师，首先要具有这种以天下为己任的精神，不然，我们用什么精神来培养教育我们的子孙后代？用什么样的精神状态、品德情操去感染影响我们的学生？温总理与教师代表座谈时讲道：

> 老师们都很辛苦，特别是从事基础教育的老师。老师们承担着教育的重任。百年大计，教育为本；教育大计，教师为本。如果说教育是国家发展的基石，教师就是基石的奠基者。国家的兴衰、国家的发展都系于教育。只有一流的教育才有一流的人才，才能建设一流的国家。我曾经引用过“教师是太阳底下最光辉的职业”这句话，这是17世纪捷克的大教育家帕米柳斯讲的。俄国的化学家门捷列夫也说过：“教育是人类最崇高、最神圣的事业，上帝也要低下至尊的头，向她致敬！”可以说，无论一个人的地位有多高、贡献有多大，都离不开老师的教育和启迪，都凝结了老师的心血和汗水，在老师面前永远是学生。国家各项事业的发展需要大批的人才，同样也离不开教育和老师的培养。我们国家大约有1 600万教育工作者，其中中小学教师1 200万。长期以来，广大教师牢记自己的神圣使命，兢兢业业，默默耕耘，培养了一批又一批优秀人才，为我国教育事业和现代化建设作出了突出贡献，这种不计名利、甘为人梯，成功不必在我、奋斗当以身先的精神，充分体现了中国知识分子以天下为己任的崇高境界。

（一）情系祖国——把教育当做终生奋斗的事业

对于自己所从事的教师工作，不同的人有着不同的认识和看法。有的青年教师把自己从事的工作看做是一种谋生的手段，是提供自己生活来源的职业；有的青年教师把它当做自己的暂时栖身之地，当做以后“跳槽”的踏板；有的呢，觉得教师这项工作真的需要具有一定的专业知识和能力，不是什么人都随便可以干并且能干好的，而应该是一项严肃的事业；也有的人，把教育当做至高无上的神圣事业。只有后者，无论社会上发生什么样的变化，无论工作中遇到什么样的困难风波，他们都不会为金钱所诱，不为权位所惑，不为虚名所囿，始终坚守教育这块圣洁的宝地。

我们应该向这些大师学习，把教育作为自己终生奋斗的崇高事业。作为终生奋斗的事业，不是要每个人都要成为大师或名人，最根本的是要自觉肩负起这神圣职责，始终不渝地忠于党和人民的教育事业——这就是每一位人民教师应该树立的职业理想和信念。

特级教师、著名教育家于漪说："我的理想是做一名合格的教师。所谓合格，就是不负祖国的期望和人民的嘱托。"

四川省西昌市第二中学的一位普通教师——郭建中老师写了一首散文诗，读了让人荡气回肠，久久不能平静：

我为什么要做老师?

我为什么要做老师?
没见那破旧的小窗里深夜还亮着的孤独的灯光?
没见那苍苍的白发下过早昏花的双眼?
没见那微薄的收入要寄给那年迈的双亲?
还有膝下梦想有一天能看上彩电的儿女?
没见那天天给自己学生讲祖国的锦绣山河，
而自己大半辈子却连不到三百公里的峨眉山都没去过?
"穷不教书，富不习武"——好心人好心的劝告啊!
我为什么还要做老师?
我为什么要做老师?
我看见过我的老师在深夜孤灯下认真批改我们不认真的作文!
我看见过我的老师星期天拖着疲惫的双腿在大街上买别人看都不看的小菜!

我看见过我的老师脸色苍白地在讲台上深情地讲我们祖国的未来！

我看见过我的老师当我逃学后在田野里焦急地呼唤我——那妈妈一样的神情！

我看见过我的老师自己的女儿在家里发着高烧却背着也高烧的我到医院看病打针！

我还看见过我的老师在还有几天就退休时终于倒在了讲台上从此半身不遂！

我为什么还要做老师？

我为什么要做老师？

当我站在我的老师站过的讲台上的时候，

我看到了几十双信任又渴望从我这里获得知识的眼望着我；

当我像我的老师批改着学生作文的时候，

我看到了一颗颗纯洁的心在对我纯洁地诉说；

当我看着我的学生们一个个踏进大学的大门时，

那一刻，我完全理解了我的老师为什么甘愿寂寞；

那一刻，我完全理解了我的老师为什么献身教育；

那一刻，我完全懂得了我的老师为什么要做老师；

那一刻啊……我彻底地懂得了我的老师的人生价值！

我也要做老师！

我为什么要做老师？

因为我知道没有老师我还在愚昧中过着愚昧的日子。

因为我知道要有园丁才会有阳光明媚的满园春天。

因为我要像我的老师用自己的心血体现自己存在的价值。

还因为……我要成为我的老师那样的老师！

黑夜的孤灯不正是给航海人指路的灯塔吗？

脸上过早堆满的皱纹不正是给攀登者搭起的阶梯吗？

今天的寂寞不正是为了明天的欢歌笑语吗？

清贫的生活不正是要换取精神的富有吗？

老师啊……就因为有了你的微小才有了时代的伟大！

就因为有了你的牺牲才有了富强的国家！

老师，

老师。

老师！

老师……

我为什么要做老师！

这里还有一个令人感动不已的故事——“天上”的教师：

他来自内蒙古边疆地区一个叫“天上”的地方。他也曾和大家一样风华正茂，有着美丽的青春和梦想。但他初中毕业后，在家乡的一所学校一干就是32年。他就是内蒙古喀喇沁旗四十家子乡罗营子村天上队小学的李新孝老师。

“天上队”地处内蒙古赤峰市喀喇沁旗，海拔1 500多米。是全旗居住区海拔最高的地方。

因为这里气候恶劣，远离城镇，交通极其不便。村民往返山上一趟要花一天的时间，当地人形象地说像登了一次天。“天上队”真的成了“天上”了。

“天上队”总共30多户人家，百十口人，最多时有30多个孩子。1952年，为了山上的孩子有学上，政府在这里盖起了学校。由于这里气候恶劣，偏僻荒凉，从1952年到1972年，20年内上级部门先后派了12名教师，但都未能留住。没有教师，成了孩子们不能上学的难题。

1973年，李新孝来了！他在这里一干就是30多年！“天上队小学”从此结束了没有教师的历史！李新孝从小家境贫寒，酷爱读书，靠每星期1块钱的生活费，他读完了初中，成了当时村里最有文化的人。本来他已接到高中录取通知书，但看到村里没有教师的难处，他毅然走上讲台，成了“天上队小学”唯一的一名教师。

30多个孩子，两间低矮阴暗的茅草屋，一块黑板，这就是当时的“天上队小学”。

夏天，风大雨急，简陋的草屋随时都有倒塌的危险，李新孝就把自己新婚不久、还贴着“囍”字的新房腾出来当教室。

冬天，大雪封山，薄薄的土坯墙围成的教室难以抵御刺骨的寒风，李新孝就把学生带到自己家的火炕上上课。

30多年风风雨雨，10 000多个日日夜夜，李新孝一直坚守在学校，始终没有动摇过。32年来，李新孝教出了300多名学生，天上队小学没有一个孩子辍学。许多学生毕业后，又继续上了初中、高中，成为有文化的新式农民，成绩优秀的还考取了中专和大学。

村民们说：“李新孝改变了‘天上队’的命运，没有他，就没有我们的今天！”

有了教师的微小，才有了时代的伟大，有了教师的牺牲，才有了富强的国家！这就是教师忠诚于教育事业的根基！

胡锦涛总书记指出：“中国未来的发展，中华民族的伟大复兴，归根结底靠人才，人才培养的基础在教育。推动教育事业又好又快发展，培养高素质人才，教师是关键。”这是教师职业理想和信念赋予教师的神圣的历史使命。教师有了这种神圣的使命感，就会做到甘为人梯，乐于奉献；做到“静下心来教书，潜下心来育人”“把全部精力和满腔热情献给教育事业”。

（二）为人师表——坚守教育操守

学校是育人之所，教师担育人之责；学校应是圣洁之地，教师应是儒雅之士。教师坚守教育本原的操守十分重要。在学校教育教学活动中，教师的职业操守、精神追求不仅影响教师自己的道德修养和专业发展，而且直接影响学生学业成绩的提高和良好精神品质的形成。如果一位教师正直、高尚、儒雅、大气，热爱自己的事业，认真负责，学生就会佩服你、尊敬你、崇拜你；反之，如果一个教师自私狭隘、趣味低级、不负责任、缺乏事业心，则一定会为学生所鄙视。

当今社会正处在转型期，经济快速发展，社会现象五光十色，乱人耳目，对教育提出了极大的挑战，对教师提出了严峻的考验。应该看到，在教育领域里，的的确确存在着让老百姓不悦的事。比如，讽刺挖苦学生；从事有偿家教，更有甚者，故意在课堂上不讲透，诱导学生参加自己的家教班；暗示学生给自己送礼；视学生家长地位区别对待学生，等等。

教师的责任重如泰山。教师的双肩，一个肩膀挑着学生的现在，一个肩膀挑着祖国的未来。今天的教育，就是孩子们的明天，就是祖国的未来！家家户户把子女送到学校，托付给教师培养，这寄托着老百姓多么殷切的希望；国家把民族复兴和昌盛的未来，交付到教师的手上，这是多么巨大的信任和期待！因此，有违师德的言行，哪怕一点一滴，都是有愧于人民教师这个光荣的称号和岗位。教师的职业本质决定了其道德底线必须高于普通人。社会上可以有的，学校里不能有；社会上可以做的，教师不能做。周恩来总理、温家宝总理的母校——南开中学，被孙中山先生誉为“世界知名的好学校”。当年学校地处“三不管”地区，社会环境十分不好。张伯苓校长坚定地提出：“社会上可以有贪污，学校里不能有贪污；社会上可以有市侩，学校里不能有市侩!”学校、教师、学生“出淤泥而不染”，董守义、熊十力、范文澜、老舍……学校里一位位名师、一位位人师，人人守住教育的真义，守住社会的正义，守住教师的神圣。“允公允能”“为中华之崛起”成为永远的南开精神!

青少年是祖国的花朵、民族的未来，他们正处于长身体、长知识、长能力、长觉悟的关键时期，学校教育对于青少年的成长至关重要。在人生的长河中，中小学是为人生大厦打基础的时期，根子栽得正不正，扎得深不深，长得牢不牢，将会影响他们的一生。学校应该是学生健康成长的精神家园，教师应该是学生做人的楷模。教师面对当前社会上形形色色的诱惑，要一身正气，保持心境的纯正与安宁，抗诱惑，拒腐蚀，坚守教育的圣洁，坚守教师的尊严。教师要努力提升自己的精神境界，远离庸俗，远离铜臭，远离低级趣味，远离不正之风，一门心思追求事业，全心全意奋发进取，让学生看到的教师是高尚的人、纯粹的人、磊落大度的人、奋发有为的人。教师要自觉地全身心地培育学生健康成长，引导他们德智体美全面发展，成为心中有祖国、心中有人民、知荣辱、讲诚信、勤于学习、勇于创新的一代新人。

（三）爱岗敬业——带着激情做教师

教育事业是神圣的事业，是真善美的事业，是感动心灵的事业，是感召激情的事业。教育需要以心灵陶冶心灵，以激情感染激情。因此，教师应该带着饱满的工作热情和积极的精神风貌投入教育教学工作。

充满激情做教师，心中有一种自豪感，工作中就会有一股蓬勃的朝气，有一种必定成功的自信。

充满激情做教师，心中有一种灵动的智慧，教学中就会创造富有生命活力的课堂。教师激情飞扬，纵横捭阖，抑扬顿挫，生动激昂，自然会激发学生的情绪，调动学生学习的兴趣，打动学生的情感，不仅能引领学生走进知识的殿堂，而且能够孕育学生的人格和自尊，造就学生健康的精神和气魄。

充满激情做教师，日常教学和生活中，就会对学生产生一种积极的亲和力、一种感召力、一种感染力。激情满怀的教师，其一举手一投足，一颦一笑，甚至一个眼神，都包含着亲和，包含着鼓励，包含着期待，都会抓住学生的兴奋点，提起学生的精气神。

充满激情是中小学教育的特点对教师的要求。激情满怀，可以迅速拉近师生之间的心理距离，激起学生积极的情绪，增强学生旺盛的求知欲，从而提高教育教学的效果。

教师的激情，首先来自教师对教育理想的追求，对人生目标的追求，对事业成功的追求。在一个激情满怀的教师心中，教育的理想、崇高的事业如同自己的生命一样。

教师的激情还来自教师对事业、对学校、对学生的挚爱之情。事业是教师生命长河的不竭源泉，学校是教师展示才华的舞台，学生是教师智慧和贡献的体现者和发扬光大者，更是教师生命的延续。一位好教师，他的心里永远充满着对事业、对学校、对学生满腔的挚爱。

教师的激情还来自教师积极的人生态度，来自他健康明朗的心态。在一位激情满怀的教师心中，祖国是美好的，家乡是美好的，学生是美好的，一切都是美好的。

教师的激情还来自教师深厚的文化底蕴，祖国和人类优秀的文化宝藏滋润了教师的美德和智慧，他的言谈、他的举止、他的气质、他的风度，无不表现出一位师者的仁爱、豁达、儒雅和深邃。

我们看著名教育家李镇西是怎样满怀激情走上教育战线的：

20世纪80年代初的中国，刚刚从“十年浩劫”的噩梦中醒来，中国共产党第十一届三中全会为从灾难中重新站起来的中华民族注入了新的活力。那是一个风云激荡的年代：“真理标准问题”大讨论、“天安门事件”平反、张志新冤案的披露、伤痕文学的轰动、朦胧诗的崛起、陈景润与哥德巴赫猜想、科学的春天、中国女排扬威世界、中美建交……中国，拉开了改革的大幕，开始了新的长征。

那的确是“激情燃烧的岁月”，而激情燃烧的岁月必然产生激情的一代。作为“文革”后恢复高考的第一届大学生，我们满怀激情地在“新长征”的号角声中开始了学习。梦想也罢，理想也罢，让中国早日屹立于世界强盛民族之林是我们发自内心的渴望。中国足球一次赛赢科威特的胜利，就足以让我和我的同学们高呼着“中国万岁”在校园彻夜狂欢！不知今天的大学生怎么看待我们当年的纯真、赤诚和“狂热”。但愿他们能够理解，在那民族复苏的新时期清晨，足球的胜利已经不仅仅在于足球的胜利，它寄托着千百年来中国人民渴望腾飞于世界的梦想！

那时的我们，对祖国的未来充满了自信和希望，我们最爱说的话题是“四个现代化”，最爱唱的歌是《年轻的朋友来相会》：“再过 20 年，我们来相会，举杯赞英雄，光荣属于谁？属于我，属于你，属于我们 80 年代的新一辈！”正是在这样一种对祖国美好未来的憧憬中，我也憧憬我未来的职业。

正是在这样的背景和心境下，在大学毕业前夕，我偶然读到的一本书点燃了我的理想之火。这本书是王蒙的长篇小说《青春万岁》。我是揣着一本《青春万岁》走进中学校园踏上讲台的。《青春万岁》描绘的是 50 年代初期北京某女子中学一个班集体的生活。书中洋溢的青春气息深深地感染了我，特别是郑波、杨嫱云们的理想主义激情和英雄主义情怀，引起了我的强烈共鸣。我从书中感受到，在我们共和国的清晨，原来有过那么绚丽的霞光，那么纯净的空气！虽然以今天的眼光看，书中的主人公们都显得很“傻气”，或者说过于天真烂漫，但他们心中都充满了一种喜悦，充满了高歌猛进的豪迈与自豪，在他们的灵魂深处都有一种最宝贵的东西，那就是对于年轻共和国的坚贞信念！

而这种信念当时的的确确打动了我。

我很自然地想到了我即将踏上的中学讲台，年轻的心房一下被理想的激情和创造的冲动所鼓胀——我以后是教师，我可以通过培养一批又一批优秀的学生为我们的社会注入越来越多的新鲜血液，我可以通过教育为我所热爱的国家做我能够做到的一切！我一定要把我带的班也建设成为《青春万岁》中所描绘的那样的班级！

我非常明确地意识到，我不能把自己将要从事的职业仅仅视为教书，而应该把我的社会理想倾注在教育之中。

也许有人会笑我当时的天真，但那份天真、那份庄严、那份责任感，我一直保持到今天。这可能是我日后在教育上能够取得一点成绩的原因之一吧！

（四）教书育人——以桃李芬芳为幸福

人都追求自己的成功和幸福，那么，教师的成功和幸福是什么呢？毛泽东主席的一首词对我们或许有所启示：

风雨送春归，
飞雪迎春到。
已是悬崖百丈冰，
犹有花枝俏。
俏也不争春，
只把春来报。
待到山花烂漫时，
她在丛中笑。

山花烂漫，满园春色，不是梅所争，却是梅奋斗和期望的。教师的人生观、幸福观就像梅的品格。教师的职业是平凡而琐碎的，教师的生活是清贫而艰辛的。但是，那些成功和优秀的教师，脸上永远洋溢着春天般的笑容，他们都愿意用自己的一片绿叶默默地去成就果实的灿烂与辉煌，用自己的春风化雨去成就桃李满天下。

教师的幸福是世界上独有的、最高尚的。教师的幸福具有精神性——学生的道德成长、学业进步，进而对社会作出杰出的贡献，这是教师幸福的生命意义。教师的幸福具有给予性与被给予性——师生互动，教学相长，教师在给予学生知识、做学生德行典范的同时，在学生身上也获得了无穷的智慧和心灵的净化，体验着精神上的幸福；教师的幸福具有集体性——任何一个学生的健康成长都是教师集体劳动的成果，也是学生集体劳动的成果；教师的幸福具有无限性——教师高尚的人生典范可以对学生产生终生的影响，教师从学生身上体验到的教育成就感可以绵延永远，留下终生的美好回忆。

在江西，有这样一位百岁老教师，从教60年，桃李满天下，她就是李洛珍。《江西日报》记者李文亭写了下面这篇报道（本书收录时有删节）：

恩师·慈母·长者

——记百岁老教师李洛珍

盛世长青树，百年不老松。在第24个教师节来临之际，一群六七十岁的老人聚在一起，张罗着同一件事情——庆祝中学时期的班主任兼代数老师百岁生日。他们激动地对记者说："她是一位敬爱的恩师，更是一位慈祥的母亲。50年前，她像妈妈一样关心爱护我们，其情其景至今历历在目。"

这位百岁长者，就是南昌八一中学退休老教师李洛珍。

下午3时30分，当精神矍铄的李洛珍老人一出现在会场，学生们便立刻蜂拥而至，像孩子一样围在她的身边。她的学生虽然都是六七十岁的老人，可他们对老师的敬仰和尊敬，让现场所有人感到温馨和幸福。

"我们都是她的学生。50年前，她将知识传授给我们，让我们懂得了做人的道理。今天，我们29名同班同学兴高采烈地聚在一起，颂扬恩师一生热爱教育事业的奉献精神，恭贺她老人家笑傲百岁，再创奇迹。"当年的班长、69岁的张友亮高兴地说，全班同学每年都会来看望恩师，实在不能来的也会打来电话问寒问暖。今天，能为恩师祝贺百岁寿辰，是各位同学之福，更是教育之福。

南昌市和学校的领导及各界人士带着鲜花来了。在生日歌的旋律中，大家分享着承载福气和好运的蛋糕，畅谈半个世纪的师生之情。祝寿会涌动着浓浓的“尊师重教”情愫。李洛珍老人更是开心得合不拢嘴。在学生的簇拥下，她还步伐稳健地走进阔别多年的教室，拿着粉笔站上心爱的讲台……目睹百岁老师还能像当年那样，有条有理地进行讲解，重温着昨日之梦的学生个个热泪盈眶，一次次热烈的掌声，将现场气氛推向高潮。

“我的第二次生命就是李老师给的。”专程从湖南长沙赶来的邹碧文，眼里含着感激的泪水，向记者讲述了一件让他铭记一辈子的往事。

1957 年初，由于父母同去抚州，邹碧文就住在学校。有一天，他突感浑身乏力，竟不能起床了。当时，学校已放寒假，住校的同学已经回家，身边只有班长张友亮一人。正当他俩惊惶失措的时候，李老师来了，迅速将他送到医院。医生感慨地说：“万幸呀！这可是急性肝炎，如果再晚一点，就有生命危险了。”在 3 个月治疗和疗养期间，李老师像妈妈一样关心他，给他补课，给他送吃的，还组织成绩好的同学给他补习功课。在李老师和同学的帮助下，他没有因病影响自己的学业。

“她善于从小处发现问题，令我终生难忘。”潘光远动情地回忆说，20 世纪五十年代，学校实行 5 分制。在批改同学作业时，细心的李老师发现他的作业有时 5 分、有时 4 分，就主动找他谈心。原来，由于父亲生病，他为了照顾父亲，每天休息不好，影响了听课的质量。于是，李老师及时给他单独补课，使他的学习成绩很快就稳定下来。

1908 年，李洛珍老人出生于教育世家，肄业于南京金陵女子大学。1948 年，她来到江西，先后在南昌豫章小学、南昌一中、南昌县莲塘一中、南昌八一中学教书，1976 年退休。因为教学深受学生的欢迎，直到 1982 年才告别讲台。她一生淡泊名利，执著地热爱着教育事业。即使在丈夫被错划成右派的那段艰难时期，她依然全身心地扑在教学工作上。

平凡之中见执著，执著之中显伟大。回首李洛珍老人近60年的从教生涯，她虽然没有获得令人羡慕的荣誉，也没有著书立说，但她始终用自己的言行默默诠释着“德”为立人之道、“爱”为处世之基、“学”为强身之本的内涵，总是用自己博大的爱心，影响和教育孩子们，用具体的事例引导他们如何做人、做事，难怪她的学生都亲切地称她为——“我们的妈妈”。

教师的幸福来自对事业、对教育理想的孜孜追求，来自自己事业的成功。但是，教师事业的成功，不是自己当上科学家、发明家、艺术家；教师的成功是学生，是学生的进步，学生的成长，学生的成功。这就是教师幸福的源泉。当学生在难题面前豁然开朗时，当学生在错误的困扰中“浪子回头”时，当学生在奋力拼搏后站在领奖台上时……教师会由衷地感到幸福，因为，那是教师人生价值的一种体现。

在天津市有一位中学体育老师，他叫赵祝胜。

赵祝胜老师不仅有幸成为2008年奥运火炬手，而且，在所有奥运火炬手中，还有6个人曾经是他的学生。

说到师生7人同时成为2008年北京奥运会的火炬手，参与天津和北京的奥运火炬传递活动，已经63岁的赵祝胜老师就笑个不停。按赵老师所说，自己一直从事着体育教学，这次能赶上在家门口举办奥运会，还成为火炬手，已经足够让他高兴的了，而还有6个自己的学生也成为火炬手，则是他怎么也没想到的。

赵老师是河西区培杰中学（原南楼中学）的一名体育教师，因为该校一直以来都是排球传统校，他培养出了很多的排球精英。时任天津女排的主教练王宝泉就曾是赵老师的学生，也被选为奥运火炬手。

王宝泉成为奥运火炬手，赵老师早就听说了，师徒俩还特意通电话互相祝贺。而另外还有5个学生也成为火炬手，则是赵老师在参加校友聚会时才得知的。“因为我很多学生现在所从事的工作都和体育有关，所以大家在那天聚会的时候自然而然地就提到了奥运会，说到了火炬传递的事。”赵老师说，因为自己被选为奥运火炬手心里特别高兴，就把这事告诉给大家，但没想到，这群四五十岁的学生就像当初上学一样，一个个地举起手来，“直到这时，我才知道还有这么多学生都是奥运火炬手。”

据赵老师介绍，在奥运火炬手中，现任中国排球协会副主席的李雪亮、天津体彩中心主任牛履合、天津体育局群体处的王宏、北师大附中的老师王桂玲和天津移动公司副总闫五四都是他的学生。再加上王宝泉和赵老师本人，一次校友聚会，就出现了7个奥运火炬手。

最近，赵老师还像往常一样，每天带着一帮孩子“泡”在排球馆里，给小队员细致讲解技术动作要领。赵老师说，得知自己有6个学生都成为奥运火炬手的消息后，他又多了一个“私心”。“我好好教这些孩子，如果他们以后出息了，等咱中国再举办奥运会的时候，我的奥运火炬手学生不就更多了吗!”

今年秋天，笔者有幸与天津市大港区第二中学原校长、大港区政协副主席、天津市政协常委赵炳俭同志到河北省枣强县开会。赵校长20世纪七八十年代曾经在这块土地上当过近20年的教师。当年，他的学生还都是十几岁的孩子，他含辛茹苦地关心他们、照顾他们、培养教育他们。他们有了成绩，他由衷地为他们高兴，他们有了缺点错误，他苦口婆心地批评教导他们。赵校长白天为学生的学习困难着急操劳，晚上巡视学生的宿舍为他们掖被角……如今他的学生都已成了四五十岁的中年人了，成了枣强建设社会主义新农村的主要力量。他们中，许多人都成了县里党政部门、机关团体、事业单位以及农村企业的负责人或骨干。这次，他的学生们得知赵老师回来了，纷纷从四面八方赶来看望自己的老师，纷纷表述着自己这些年来的成长和进步，也纷纷回忆当年赵老师对自己的辛勤培育。这就是教师的历史作用！这就是教师的幸福！

教师的幸福是一种心态，是一种精神的体验，是对教育中个人生存状态的一种高层次的、愉悦的情感体验、精神享受。教师具有远大的教育理想，有远大明确的奋斗目标，他会觉得幸福，所谓“君子坦荡荡，小人常戚戚”；教师具有自己成熟而清晰的教育理念，他会觉得幸福，因为，他清醒而不混沌，自觉而不盲目；教师具有高超的教育教学艺术和魅力，他会觉得幸福，因为他会在教育教学中炉火纯青，得心应手……

教师的幸福还来自社会尊师重教的文化传统和人文氛围。党和国家对教育的高度重视，民族振兴对教师寄予的深切厚望，社会和人民群众对教师些许成绩的高度赞扬，还有那些莘莘学子对师恩永世不忘的拳拳之心，都在温暖着广大教师的心怀。历史上那些尊师爱师的感人故事，不仅教育激励着学生尊敬师长，也使广大教师倍受鼓舞和教育。荀子说：“君子隆师而亲友。”晋代人葛洪说：“明师之恩，诚为过于天地，重于父母多矣！”

人们都知道孔子是至圣先师，却很少有人知道孔子还是尊敬师长的模范。

公元前521年春，孔子到周朝京都洛阳，徒步前往守藏史府拜望老子。老子听说孔子来访，赶忙整冠出迎。孔子见大门里出来一位年逾古稀、精神矍铄的老人，料想便是老子，急忙向前，恭恭敬敬地向老子行了弟子礼。进入大厅后，孔子再拜后才坐下来。老子问孔子为何事而来，孔子离座回答道：“我学识浅薄，对古代的礼制一无所知，特地向老师请教。”老子见孔子如此诚恳，便详细讲述了自己的见解。

回到鲁国后，孔子的学生请他讲解老子的学识，孔子说：“老子博古通今，通礼乐之源，明道德之归，确实是我的好老师。”他还打比方赞扬老子，他说：“鸟儿，我知道它能飞；鱼儿，我知道它能游；野兽，我知道它能跑。善跑的野兽我可以结网来逮住它，会游的鱼儿我可以用丝线缚住鱼钩来钓到它，高飞的鸟儿我可以用良箭射下来。至于龙，我却不能够知道它是如何乘风云而上天的。老子，其犹龙也！”

无产阶级革命家毛泽东、周恩来、朱德、彭德怀等都是尊师爱师的模范。他们都有说不完的尊敬老师的感人的故事。

1959年初春的一天，朱德同志在云南政治学校礼堂和大家一起看戏。开演前，一位年逾古稀的老人由服务员引了进来。朱德同志一眼便认出那位老人原是自己早年在云南陆军讲武堂学习时的教官叶成林，急忙起身向前，立正敬礼。礼毕又紧紧握住老人的双手，亲切地呼唤：“叶老师！”然后请老人入座，待老人坐定后，他自己才坐下来。

毛泽东同志尊师敬师的事例更是举不胜举，对教育和引导过自己的老师，他都始终如一地敬重、报答。他说：“谁言寸草心，报得三春晖，我这样的寸草心，是怎么也难报答尽老师三春晖的啊！”特别是他尊敬自己的老师徐特立的事迹，更是教育了几代人。他在给徐特立老人的信中真诚地写道：

徐老同志，你是我20年前的先生，你现在仍然是我的先生，你将来必定还是我的先生……所有这些方面我都是佩服你的，愿意继续地学习你的，也愿意全党同志学习你。在你60岁生日的时候写这封信祝贺你，愿你健康，愿你长寿，愿你成为一切革命党人与全体人民的模范。

毛主席的这封信，曾经教育了、感动了千千万万人民，鼓舞起人民群众尊师重教的良好风气，也鼓舞了无数教师立志从教、教书育人的志向。

党和国家尊师重教，人民群众尊师敬师，这将激励我们的教师永远忠诚于党的教育事业，担负起祖国和人民交付的重托，怀抱一份教育理想，踏上征程；保持一份如水的静心，慧悟妙思；保持一份至圣的良心，教书育人；保持一份至纯的真心，实践理想；保持一份珍贵的幸福，体验生命。以桃李芬芳为幸福，需要磨砺和培养，让我们以对事业的追求、对自我的完善和对境界的提升锤炼来获得体验幸福的能力吧！

二、锤炼博大的胸怀

法国著名的作家雨果有一段非常著名的话："世界上最宽阔的是海洋，比海洋更宽阔的是天空，比天空更宽阔的是人的胸怀。"教师是一个具有特殊使命的群体，在我们为教育理想而奋斗的过程中需要宽阔的胸怀；在日常学习、生活、工作中需要宽阔的胸怀；同事之间相处、搞好师生关系也需要宽阔的胸怀。教师要出色地完成自己教书育人、为祖国培养一代代合格接班人和建设者的神圣使命，必须具有像蓝天大海一样宽阔的胸怀。

什么是胸怀？胸怀是一个人的志向和抱负，也表示一个人对事物的容纳和承受的能力。古今中外人们都赞扬那些胸怀坦荡、气度恢宏的人，而对那些心胸狭窄、小肚鸡肠的人却嗤之以鼻。因为，宽阔的胸怀，展示出的是一种才华和能力，是一种博大的胸襟和志向，更体现出一种深厚的修养。历史上成就一番大事业的杰出人物，无不是怀有远大志向、具有宽广胸怀的人。韩信受胯下之辱而拜大将军，刘备为成就大业三顾茅庐请诸葛亮，李世民克己纳谏……讲的都是具有博大胸怀的人。斯大林说："彼得大帝是沧海之一粟，而列宁是整个大海！"抗日民族英雄吉鸿昌，在敌人秘密杀害他时，他信手用树枝在雪地上写下了著名诗句："恨不抗日死，留作今日羞。国破尚如此，我何惜此头。”他置自己生死于度外，心中想的是杀敌报国，拯救中华民族的安危。周恩来总理为国家为民族鞠躬尽瘁、死而后已的胸怀，被世人传颂。他那首大气磅礴抒发自己博大胸怀的诗篇“大江歌罢调头东，邃密群科济世穷。面壁十年图破壁，难酬蹈海亦英雄”和“为中华之崛起而读书”的铿锵誓言，鼓舞了多少爱国青年树立远大的革命志向。无数事例说明，只有心胸宽阔的人，才能团结一切可以团结的力量，调动一切可以调动的积极因素，才能成就伟大的事业。“宰相肚里能撑船，将军额头能跑马”就是启迪我们，做人要有广阔的胸怀。

为什么要强调教师要有宽阔的胸怀呢？

首先，具有宽阔的胸怀是作为人民教师的基本素质要求，是由人民教师的历史使命决定的。人民教师肩负着为国家培养“四有”新人的光荣使命，必须牢固树立全心全意为社会主义建设服务、为人民服务的远大志向。只有对自己所从事的教育事业倾注了全部心血和激情，才会认真、执著地投入到事业中去；只有将中华民族伟大复兴与自己的前途事业紧密结合起来，才会激发自己的旺盛激情去培养富有创造性素质的一代新人。李镇西说：“我是教语文的，但我认为不能就语文教语文，而应该站在教育的高度来教语文；而教育也不能就教育搞教育，而应该站在社会、国家、民族的高度来搞教育。我真诚地爱着我的国家和民族，我热切地盼望我的国家和民族早日繁荣昌盛，并愿意为此尽自己的绵薄之力。作为一名教师，我把自己的社会理想倾注在了教育事业中。因此，我的教育实践伴随着激情，便是很自然的了。”这就是一名优秀教师的基本素质和崇高的使命感。

其次，具有宽阔的胸怀是教师成就一番大事业的需要。思想有多远，就能走多远。教育是传承人类文明的事业，是未来的事业，教师更应该具有远大的眼光和宽广的胸怀。另外，教育是一种需要个人创造性的劳动；同时又是需要大家共同合作的劳动，培养大批德智体美全面发展的优秀人才，需要一个非常优秀的教师团队，需要这个团队团结一致，共同努力。这个团队的每个人都要很好地解决“我怎么能够和其他人展开合作，我如何在合作团队中找到自己，确认自己，成就自己?”这一点对于教师尤其重要。试想，胸无大志、目光短浅、心胸狭窄、自私自利的人，怎么能够和自己团队里的同伴团结一致，怎么能够和自己的同伴心心相印，共同培育善于与人合作、善于创新的新一代呢?

再次，具有博大的胸怀，才会有大智慧、大手笔。

一个英国的小学生偷偷杀死了校长家的爱犬，这在西方国家是一个难以容忍的错误。但是，校长没有告诉孩子的家长，让家长狠狠地揍小孩一顿；也没有找孩子家长重重地索赔。校长给这个孩子的惩罚是让他画出狗的血液循环图和狗的骨骼结构图。这种惩罚，使这个小男孩深深地爱上了生物学。这个男孩就是英国著名的科学家麦克劳德，因为发现胰岛素在治疗糖尿病中的作用而荣获了诺贝尔奖。

这件事的处理充分显示了这位校长的博大胸怀和高超的教育智慧。而这位校长的教育大智慧为世界成就了一位伟大的科学家。

法国斯达尔夫人说：“愈是睿智的人，愈有宽广的胸怀。”反过来看，也是如此，越是有宽广胸怀的人，才会有远见、有眼光，才会有大智慧、大手笔。

（一）终身学习，长期修炼——要站起来教书

一位教师的专业化成长，首先要有明确的方向，要认清自己所处的历史方位。我们常说，学校不能跪着办学，教师不能跪着教书，就是说，无论学校也好、教师也好，都要站起来办教育，站起来教书育人。什么叫站起来?站起来就是跳出教育，跳出教师自身的圈子，站在历史的高度和世界的高度去审视教育，去认识教育，去把握教育，从而找准自己的历史方位，找准前进的方向。

从教育的角度看，在我们所处的历史方位有几个特点是我们教师应该明确认识的：

我们处在知识经济时代。知识经济时代不同于工业时代的突出特点是知识呈几何指数地增长。有资料显示，现在世界上每一秒钟就有一本书出版。过去一个大学生毕业，他所学的知识几乎可以享用一辈子，至少够一生所需知识的70%，现在则仅够所需知识的10%。西方白领中流行一种说法，说如果一年不学习，一个人所拥有的知识就会折旧80%！

我们处在信息社会、网络时代。网络使世界发生的变化几乎是所有人都始料不及的。网络世界的自主性、开放性、分散性、异质性、创造性以及虚拟性、快速性等使整个地球变小，有时又使人与人之间距离拉大。网络可以使以往想都想不到的事瞬间成为现实。

我们处在经济全球化时代。国际合作、国际竞争、出口贸易、跨国公司……这些经济全球化的事物和现象层出不穷，国际范围内的资金流、物资流、人才流几乎一刻也不停。国与国之间的经济，你中有我，我中有你，经济合作与竞争出现前所未有的复杂局面。

我们处在政治多元化时代。现在谁也不能独霸世界，超级大国的强权政治遭到严重挑战，各个国家的话语权都在不断增强。许多国际事务再不能由几个少数强国说了算。

所有这些，都对各国人民的政治生活、经济生活、文化生活和社会生活产生了深刻的影响。

国内，科学发展观在全国范围内日益得到落实，社会经济从追求快速发展转为追求又好又快发展。即"'好'字当头，'好'中求'快'"，追求以人为本，全面、协调、可持续发展。对教育而言，由追求规模数量转到追求内涵发展和优质发展。这对学校、教师都提出了更高的新要求。

举国上下正全力建设社会主义和谐社会。社会主义和谐社会的核心是以人为本，基石是社会的公平正义。而实现社会公平首先是教育的公平，教育公平是社会公平的起点。教育是国富民强的根本，教育是实现社会公平的前提。当一个国家的教育不再是公平的教育，国民对教育不再寄予希望时，这样的教育实际上正孕育一场社会危机……如果孩子从小不能公平地享受教育，那么长大以后进入社会，他就不可能参与任何公平的社会竞争。现在，在建设社会主义和谐社会中，人民群众对教育公平的期望和诉求比以往任何时候都更加强烈，而且随着生活水平的不断提高，这种诉求正在向公平享受优质教育过渡。

面对这样的历史方位，我们的教育该怎么办？我们的教师该怎样做？这需要我们清醒地面对，正确地抉择，找准自己的坐标，选准自己的出发点和前进的方向。

许多优秀教师都认为要把自己修炼成一位大师级的人，才能真正做到站起来教书。这就需要我们向大师学习修炼自己的师德，除此之外，要树立终身学习的观念，要在读书学习中更新自己的知识结构，提高自己专业理论水平；要在工作实践中学习，提高自己的专业能力，这样才能使我们成为大师级的人，才能真正做到站起来教书。

（二）无私奉献——要有强烈的责任心

具有强烈的责任心、使命感是教师这个职业的显著特点。著名特级教师于漪说：“选择了教师，你就选择了高尚。”著名教育家刘彭芝说：“我不赞成教师职业化的提法，因为职业化把教师‘矮’化了。职业仅仅为个人，事业化则为大众。”所以，教师的肩上，一头挑着学生的前途，一头挑着祖国的未来。

教师的责任之心首先体现在教师要能站在时代和人生的高度，着眼于祖国的未来和儿童的一生，来培养“追求真理的真人”（陶行知语）。因此，教师必须争取做一个真正的教育工作者，把“整个心灵献给孩子”。教师要努力用自己远大的理想、崇高的精神去教育孩子，影响孩子；用自己强烈的爱祖国爱人民的情怀教育孩子，陶冶孩子，教育孩子成为具有时代精神、爱国思想和灿烂人生的一代新人。

教师的责任心还体现在教师的敬业精神上。“人生为一大事来，做一大事去。”要真正地忠诚于教育事业，把立志成就一番大事业作为一生的精神追求，努力达到一种高尚的精神境界。清代大学问家王国维说：“古今之成大事业大学问者，必经过三种之境界。‘昨夜西风凋碧树，独上高楼，望尽天涯路’，此第一境也；‘衣带渐宽终不悔，为伊消得人憔悴’，此第二境也；‘众里寻她千百度，蓦然回首，那人却在灯火阑珊处’，此第三境也。”教师无论对待自己的治学还是本职工作，都要具有这种不断进取的精神，达到这三种可贵的境界。教师要认真钻研业务，熟悉业务，精通业务。不仅对自己所任学科的知识和教学要烂熟于心，而且还应对相关学科知识尽力通晓。教师的教育教学要不断地丰富创新，不能呆板平庸，更不能出现科学性错误，以至于误人子弟。当年，南开中学总校长张伯苓，一次到小学部听课，发现一位语文老师板书时笔顺错了，回来后，立即通知小学部负责人，把那个老师马上辞掉，南开不能误人子弟！我们不一定能够才高八斗，但我们一定要努力做到学富五车；我们不一定能够著作在身，但我们一定要不断地反思自己，总结自己，升华自己。教师必须严肃认真地对待自己的本职工作，兢兢业业，严谨务实，精益求精。平素的工作要扎扎实实，一板一眼；要深思熟虑每一个问题，精雕细刻每一个环节。比如，要认真备课，认真上课，认真设计、布置、批改和分析作业，认真辅导学生，认真组织课外活动，认真考核评估学生等。

教师的责任之心还体现在教师对学生的关心爱护上。关心爱护学生是教师的神圣职责。中小学学生都是未成年人，正处于长身体、长知识的时期，处于世界观、人生观、价值观形成的时期，精心地关心他们的身心健康和安全，是教师义不容辞的责任。学生每天大部分的时间都在学校里度过，教师是他们生活中的重要人物。他们希望教师能够像父母那样关心、爱护、体贴和帮助自己。教师关心爱护学生，把爱奉献给每一个学生，有利于密切师生关系、健全学生的心理健康、增强学生的信心，有利于教育教学工作的顺利进行，也有利于激发学生的学习积极性、促进学生的健康成长。教师要实事求是，要科学地启迪智慧，准确地传承文明，深邃地感悟人生，让学生追求至真至善至美。教师要有一双慧眼，对学生成长中的问题能够明察秋毫，见微知著，及时指点，耐心帮助；要善于捕捉学生的优点、亮点、闪光点，及时、热诚地进行肯定和表扬，使之发扬光大。

（三）关爱学生——要有真诚的挚爱之心

爱是教育的根本、教育的源泉，没有爱就没有教育。鲁迅先生说，教育植根于爱。教师教书育人成功的真谛和根本经验就是热爱学生，诲人不倦。古今中外，莫不如是。教师对学生怀有强烈的挚爱之心乃师之根本。

教师对学生的挚爱是一种高尚神圣的大爱。教师对学生的挚爱胜于母爱，高于母爱，是教师爱国爱民的挚热之情在学生身上的体现。教师之大爱，不是基于亲缘关系的血亲之爱，也不是出于教师个人需求的功利之爱，教师之大爱是一种出于崇高社会目的的、充满科学精神的，持久、深厚而真挚的爱，是一种只讲付出、不计回报的奉献之爱。这种大爱，要求教师一定要真正地为学生着想，对学生负责，不计功利，不骛虚华，不陷浮躁；要求教师尊重学生的主体地位，尊重学生的人格和尊严，关心每位学生的健康成长；要求教师建立民主、平等、和谐的新型师生关系，创造宽松愉悦的教育环境，把爱心和微笑带给每位学生，把欢快和温馨带到每节课堂，让学生的潜能和智慧都得到充分的发挥。

周恩来总理当年在南开中学读书时，因为家庭经济状况拮据，常常受到恩师严范孙的资助。后来许多人劝阻严范孙说："周恩来是共产党，你不要再捐助他了。"严范孙说："人各有志，不可强求；恩来君德才兼备，我看将来是个相才。"此后，他依然如故，资助周恩来读书，后来还资助周恩来到欧洲留学。正是严范孙先生的无私援助，才使周恩来顺利地完成了学业。严范孙的无私援助成就了共产党和共和国一位杰出的革命家和领导人。这就是教师神圣崇高的大爱。

在美国，有一位美丽的姑娘，毕业后当了一名教师。因为她长得很美，走到哪里，哪里的人就会为她眼睛一亮。

她的学生都希望得到她的喜爱和重视，特别是男学生更是如此。班上一个名叫罗斯的小男孩，因为他品学兼优很受女教师的喜爱。一次，女教师安排他在毕业典礼上致词，并当场亲吻了他，祝愿他走向成功之路。

可是，这一吻却引起了一位低年级男孩的嫉妒，他觉得自己也应该得到老师的吻。他便和女教师说："我也要得到你的一个吻。"老师问他为什么。小男孩说："我觉得自己并不比罗斯差。"

女教师听了，和蔼地微笑着，摸摸他的头说："如果你能和罗斯一样出色，我也会奖给你一个吻。"

小男孩说："那咱们一言为定。"

小男孩为了能得到老师的那个吻，发奋学习，不多时，他的成绩提高很快，而且全面发展。全校都知道这个小男孩很出色，他真的得到了那个美丽的女教师的一个吻。

这个小男孩就是前美国总统亨利·杜鲁门。当年的美国人都知道这位女教师的名字，还有她体现教师大爱的最伟大的吻。

荣获1983年度美国教育进步和援助基金会授予的"全美教授"荣誉称号的彼得·基·贝得勒教授有一段精彩的话：

做一名教师就好比在创造生命，我看到我亲手塑造的泥人开始呼吸。没有什么能比如此接近地亲眼目睹生命开始呼吸的瞬间更令人激动的了……做教师也确实提供了一些除了金钱和权力之外的东西：它提供了"爱"。不仅仅是对学习的爱、对书本的爱、对思想的爱，而且是作为一个教师所能感受到的那些难得的学生步入教师的生活并开始呼吸的爱。或许"爱"用在这儿并不尽意，用"神奇”一词更为恰当。我当教师是因为我生活在那些开始呼吸的人们中间，我有时甚至能感受到在他们的气息中也有我自己的气息。

为了人生，为了国家，为了民族，更广泛一点说，为了人类文明的传续，教师“捧着一颗心来，不带半根草去”，这就是崇高教师的大爱。

教师对学生的挚爱是一种诚挚的真爱。教师对学生的挚爱，不是装出来的一种姿态，不是装模作样的“平易近人”，不是对学生感情上的恩赐，更不是对学生的一种感情投资。教师真爱的境界，不是母爱，也不是父爱，是一种朋友般的、同志般的平等真挚的感情。

教师的真爱是全为学生的爱，是一种不计报酬、不讲功利的爱。但是冷静观察思考今天许多教师的表现，很难说他们是出于对学生的真爱，许多带有功利色彩的教育行为，从某种程度看可以说是“伪教育”，是虚假的爱。我们许多教师整天给学生加班加点，给考试科目增加课时，减少非考试科目的课时，没完没了地搞题海战术，表面上好像是为了学生提高成绩，实际上是更多地考虑自己的教学业绩。有的教师为了“评优课”“公开课”取得好成绩，不惜浪费学生的时间，让学生反反复复演练；有的教师为了自己所教班级考试取得好成绩，考试时暗示学生偷偷作弊；有的教师在上级领导视察前引导学生说假话……凡此种种，能说是对学生的真爱吗？

某新闻媒体刊登了两位离家出走的学生写给教师的信：

可敬的老师，请原谅我们的不辞而别。我们知道您爱我们爱得很深，可是我们却恨您，您为了我们升学付出了巨大的代价，我们了解，但不能谅解。因为您在牺牲家庭、牺牲自己的同时，也牺牲了我们。在您废寝忘食的教育下，我们没有了节假日，没有了星期天，没有了看电视、欣赏音乐的时间；同时也没有了感情，没有了个性，没有了思想。我们只是您手下操纵的机器人。如果读书和牺牲分不开的话，我们宁可不读书……

孩子们说的话可能有些偏激，有些片面，也有些夸大，但是，作为一名教师应该如何真正地爱学生是值得我们深刻思考的。

教师的真爱是一种平等的爱。教师应该尊重学生，平等地对待学生，把自己当做学生的朋友、同志，以心灵感动心灵，以真情赢得真情。一篇文章这样写道：

> 走过一些学校，不难见到这样的情景：早上，值日的学生干部整齐地站在校门口，见到老师就鞠躬问好：老师好！老师好！而老师呢？有的视而不见，昂首挺胸走了过去；有的礼节性地点点头，却不曾仔细看看是谁在向他问好；只有少数的老师会充满真诚地回应：同学们好！小朋友们好！看似平常的画面，从中折射出的却是教师对学生的尊重缺失，理解缺失。
>
> ……
>
> 在现实的教育中，并非所有的老师都能拥有一颗平等真诚的心。一些善良的教师往往不知不觉甚至是“好心”地损害着学生的尊严和感情。在某些课堂上，没有师生平等交流、共同研讨的民主氛围；在某些老师眼里，学生就是学生，就得听老师的，“我讲你听”“我管你从”。在这些教师的潜意识中往往自视比学生“高人一等”，存在着唯师是从的专制色彩。这样焉能培养出未来中国的主人和21世纪所呼唤的新人？

教师要做到平等之爱，就要从观念上认识到师生在人格上是平等的。教师和学生虽然有教育与被教育的区别，但这只是角色定位不同，社会分工的不同，而在人格上是平等的。在教书育人工作中遵循“人格平等”的原则是打开学生心结的钥匙，是沟通师生心灵的桥梁，是建立信任的基石。在教育教学中教师要体现民主平等思想，教师要由教学活动的操作者、主宰者变为教学活动的引导者、合作者、组织者，成为平等中的首席。这种平等和谐的师生关系，有利于创设宽松和谐的教育教学环境，促使师生成为教学相长、共同发展的伙伴。教师的平等之爱，有利于学生个性的张扬和学生创新意识、创新能力的培养。

教师对学生的挚爱是一种博爱。有一句名言说，爱自己的孩子是天性，爱别人的孩子是神圣。还应该进一步说，爱可爱的孩子是天性，爱所有的孩子才是神圣。教师不能只爱自己的学生，而对别的班、别的学校的学生就不爱了；教师不能只爱那些长得漂亮、天真活泼、心灵手巧的孩子，教师更应该爱那些看上去不那么可爱的孩子。教师不能以貌取人，更不能以学生的出身贵贱而采取不同的态度。古人说，人才“如玉之在璞，抵掷则瓦石，追琢则圭璋”。意思是说，人才就像含玉的石头，抛弃它，它就成了瓦石；精心雕琢它，它就会成为至美珍贵的玉器。一位校长说，校园里每个人都是同样重要的，所有的人都应该得到发展。让人人都享受一份爱，人人都得到尊重，人人都有机会，人人都有追求，人人都能体验到成功与快乐，这就是我们教师应有的博爱之心。

教师对学生的挚爱还是一种慧爱，即是一种科学之爱、艺术之爱、智慧之爱。教师要“会”爱孩子，要懂得儿童的身心特点，懂得儿童的心灵，走进儿童的心灵，融入儿童的心灵；要学会用儿童的眼睛去看世界，用儿童的心灵去理解世界，用儿童的感情去体味世界。要用炽热的情怀和高超的教育艺术，因势利导，陶冶儿童的心灵。

特级教师钱梦龙小时候很贪玩，曾经先后三次留级。五年级时，新班主任武老师把他叫到办公室，说：“钱梦龙，大家都说你笨，我可不太信。现在我教你‘四角号码’查字法，如果你能学会，就证明你不笨，你想试试吗?”从来没有翻过字典的钱梦龙居然很快在字典里找到了要查的字！武老师笑眯眯地拍着钱梦龙的肩膀，还用力地摇了摇。小钱梦龙受到极大的鼓舞。随即，武老师又给了他一项任务：每节新课前，把生字的音、义从字典里查出来，抄在小黑板上供大家学习。“留级大王”认真极了，每次都把任务完成得无可挑剔。他学会了熟练地运用字典，养成了课前预习的好习惯，逐渐成了一个爱学习有自信的少年学子。

这件事使钱梦龙终身难忘，在他的成长中起到了难以估量的作用。武老师对先后留级三次的钱梦龙不但没有丝毫的歧视，而且给予他充分的信任和爱护，他用查字典使小钱梦龙树立起了自信心，又用抄写生字音、义供大家学习扬起了他进步的风帆，更为可贵的是在这不知不觉的过程中，使小钱梦龙养成了良好的学习习惯和学习品质，也潜移默化地培养了他为大家服务的精神。这就是一种高超的教育艺术，一种智慧的爱。

苏霍姆林斯基讲过一件他小时候经历的事：

一个小男孩住在一间杂货铺附近，每天看到大人们将一种东西交给杂货铺老板，然后换回自己需要的东西。有一天，小男孩天真地将一把石子递给老板“买”糖，老板迟疑了一下，笑眯眯地把糖卖给了他。这个小男孩就是苏霍姆林斯基。他后来说：“这个老人的善良和对儿童的理解影响了我终生。”

这个故事令人感动。杂货铺老板不是教师，更不是什么教育家，但他身上表现出的教育智慧确实令人敬佩。要教育好孩子，首先要有与童心一样的善良之心、理解之心、宽容之心。以善良之心理解孩子之童稚，以宽容之心容纳孩子之天真，相信孩子会在日常的生活和学习中认识真理的。我们为杂货铺老板的行为所深深感动，也由衷地感谢这位老板。如果这位杂货铺老板以怀疑和讨厌的心态对待苏霍姆林斯基：“走开！小骗子！不要在这取闹！”那将会给小苏霍姆林斯基什么样的心灵伤害？

（四）尊重学生人格——要有博大的宽容之心

从本质上说，我们不能把教育仅仅看做是说教和训诫，教育是对学生生命的唤醒和激扬，是对人的内在潜质的开发与拓展。学生的发展是一种生命的成长，这种成长需要一种平和的心境，一种智慧的胸襟，一种独特的魅力，这就是教师的宽容。宽容，就是对学生博大的深厚的人文关怀。

对学生的宽容，体现了教师大海一样的博大胸怀，洋溢着教师巨大的人格魅力，感染着每一个稚嫩的心灵。对学生的宽容不仅仅会保护成长中的幼芽一般的心灵，培养出出类拔萃的莘莘学子，更重要的是以宽容铸造宽容：在和谐宽松美好的氛围中成长起来的莘莘学子，将是心理健康、心胸豁达、眼界开阔、心地善良的富有人格力量的一代新人，他们将是创造和谐社会的重要力量。宽容是教师一种伟大的人文关怀，它可以使学生在迷途中看到明媚的阳光，可以使学生的心田如禾苗沐浴春天的甘露，可以使学生在曲折的征途上扬起勇气的风帆。教师，是学生成长道路上的引路人，是长者，是楷模，应该做宽容的使者；教师的学识多于学生，教师的阅历丰于学生，教师的修养胜于学生，教师能够做宽容的使者。

对学生的宽容是教师一种深厚的修养和崇高的境界。美国大钢琴家、作曲家海尔普斯说："宽容是文明的唯一考核。"英国杰出的思想家欧文则说："宽宏精神是一切事物中最伟大的。"对学生的宽容，反映出教师深厚的师德修养，反映出教师非凡的气度、宽广的胸怀、对人对事的包容和接纳。宽容是教师高贵的品质、崇高的境界、精神的成熟和心灵的丰盈体现。

在报刊上读过这样两则报道：

陕西省某一所小学，一位小学生偷拿了同学的10元钱，班主任得知后，十分生气，把这位学生带到办公室，当着其他教师和另外两位同学的面，将他的头按到墙上，用锥子在他的脸上刺了个"贼"字，以示"训诫"。

北京市光明小学的王老师，听同学反映班里××同学偷拿了同学的10元钱。王老师知道后，笑眯眯地对大家说："我知道钱是怎样丢的了，是讲桌拿了这10元钱，让我们每个同学走过来对讲桌说两句话，提醒它改正缺点，好吗？"……大家说完后，王老师笑着对大家说："大家都讲得很好！讲桌已经知道自己不对了，相信它明天一定会把钱放回原处！"

多么相似的两件事情。然而，两位班主任教师的处理行为又是多么截然不同！

第一位班主任教师的行为，首先是一种违法行为，是对学生的一种恶意的体罚！同时，这位班主任教师也缺乏起码的师德修养。我们看不到教师对孩子一点点的爱心，更看不到教师的一点点宽容精神。面对小学生的错误，缺乏起码的耐心、细心和宽容，也没有一点点教育的艺术和智慧，有的只是简单、急躁、冷酷和粗暴。这种教育不仅不能唤起孩子的良知，也不会使孩子认识到错误，而且还极易引起孩子的抵触情绪，甚至会在心底埋下仇恨的种子，不但起不到应有的教育，反而会将孩子推向社会的反面。北京光明小学王老师的教育行为，让人感到欣慰和喜悦。同样的事件，到了北京市光明小学王老师那里，不仅没有令人窒息的冷酷局面，反而教室里充满了温馨愉快的气氛。王老师的做法洋溢着对学生的真挚爱心、宽容、理解和信任。王老师充分相信孩子有净化自己心灵的愿望和能力，她准确地把握了低年级小孩子的心理特征，真心地尊重孩子的人格尊严，留给孩子自己改正错误的空间，特别是精心设计的"对讲桌讲话"，极为艺术地教育了犯错的孩子。

教师对学生的宽容是一种教育的智慧。真正的好教师是懂得人才成长的规律的。十年树木，百年树人。人才不是一夜之间就可以成就的，孩子更是在犯错误的过程中成长的。俗话说，"罗马不是一夜之间建成的""长城不是一年之间建造的""年轻人犯错误，上帝也会原谅"。优秀的教师不会因学生的缺点错误而耿耿于怀，不会因学生的暂时挫折而揠苗助长，更不会因自己

“恨铁不成钢”而暴躁失态；他总是在一种平和的心态中给予学生善良的期待，在期待中循循善诱，指点迷津，在指点中寄予殷切的期望和坚定的信任。

老师的宽容

秋叶流金，夕阳正好。

十几年了，这里依然故我啊。他站在高处的山路上，俯视着脚下的那片田野村庄。

既然景物依然，那么老师的住处应该也没有多少改变吧！他一边想，一边挟裹着仆仆风尘，在记忆的探索下缓缓地沿路而行。

到了，就是这里了。他站住，想起了老师的那句话：“孩子，不用敲门，我的门永远都在为你敞开。”

“老师，还记得我吗？我是陈有志，小名碎娃。这个大名还是我第一天上学时您给起的，您说有志向才能有成功。记起来了吧？”他一边说一边从衣兜里摸出个精美的盒子，“今天是教师节，我来看看您老。知道您从不收礼，可这并不是礼，而是我该还给您的东西。”

他轻轻地打开盒盖，里面明黄的缎子上躺着一支破旧老式的钢笔。

“老师，还记得十多年前您被人偷走的那支钢笔吗？我必须向您承认，当年偷拿您钢笔的人，就是我。即使是现在我也很难说清当时的真正动机，可能是因为从没见过钢笔的好奇，也许是出于真正的喜欢，总之，我趁着课间休息从您的讲桌上偷走了它。结果刚一上课，您就发现了它的不翼而飞。另一个老师非常气愤，说那支钢笔是您已故爱人留下的唯一纪念，并立刻提出要搜查教室里所有的学生。同学们一听全都炸了，您是大家心目中最爱戴的老师啊，居然有人偷了您的东西，而且还是对您来说最宝贵的东西，同学们简直义愤填膺，他们纷纷举手赞成搜查。老师，您是不是已经注意到了那个躲在角落中的我？是否发现了我正在瑟瑟发抖的肩？是不是看到了我窝在课桌旁那只独自低下去的头？老师，您知道吗？在那一刻，恐惧已活埋了我，冷汗、气闷、发抖，并一度意识恍惚地开始想象，想象被搜出钢笔后惨遭同学唾骂的情景，预测被您揪住耳朵向我爸告状后的所要承受的皮肉之苦，最后，我终于明白这恐惧的真正根源了：我已成了个地地道道的贼娃子！一个根本不能被善良质朴的村人所容的贼！我甚至会从此成为家族的耻辱，只能背着一生的贼名在这村里被人人喊打地生活了！这是一个多么可怕的未来！

也许您已记不清下面的情景了，可对于我，它始终历历在目且终生难忘：

您当时摆了摆手，阻止了将要发生的一切，然后平静地说您不想以这种方式得到答案，您说只希望那个拿走钢笔的孩子能好好地爱护它，认真地使用它。并且终有一天会明白自己的错误，承认自己的错误。你说，孩子，不用敲门，我的门永远都在为你敞开。希望有那么一天，你会走到我的面前，勇敢地说出真相。

老师，您知道吗？您的宽容给了我怎样一道勇气的阳光？您的宽容给了我怎样一个成功的未来？老师，您知道吗？那天放学后，我躺在夜色渐起的家里，一边听着窗外的瓢泼大雨，一边回忆着您的眼神与话语，并且很快就打定主意：天一亮就上门向您认错，再归还这支笔。可谁也没有想到，那天夜里……”

他说到这里，突然哽咽住了，有泪，点湿了脚下的黄土，他不理脸上的湿，重又振作起来说：

“老师，我听了您的话，我很爱护地使用着它，并且让它陪着我一直到了大学毕业。现在，我无论如何也该将它归还给您了，对不起，老师，您能原谅我吗？希望您能接受这份迟来的道歉。”

他缓慢而慎重地关上笔盒，将那支被他保存了十几年的钢笔轻轻放在了老师的面前。

那里，荒草正疯，竖起的石碑上依稀刻着一行这样的墓志铭：

在这里，长眠着一个勇敢无畏的人，他在一夜的洪水中奋力救出了十四个住校的学生，而唯一没能救出的那个人，就是他自己。

这位教师身在一座偏僻的小山村，然而，他的胸襟比大海还要广阔；这位教师名不见经传，然而，他的涵养比伟人还要深沉！他那处理问题时的平静，他那随时都向学生敞开的大门，他那“好好爱护它、认真使用它”的殷切希望……无不闪烁着高尚师德的道德光辉。他对学生的宽容，保护了一个稚嫩孩童的尊严，净化了一个有待升华的心灵，使学生最终逃离了一生背负贼名的耻辱，教师宽容精神的道德力量，使学生在灵魂深处善与恶的搏斗中终于走向光明！

宽容是一种教育成功的力量。教师宽容地对待学生，说明教师的教育思想端正，情操高尚，心胸广阔，教育方法成熟，教育艺术高超。

一次，特级教师钱梦龙在外地上公开课，一位同学迟到了，他跑得满头大汗，站在教室门口十分尴尬。钱老师和蔼地对大家说：“这位同学虽然迟到了，但他是非常喜爱学习的好学生，你们看，他跑得头上都冒汗了。这说明他心里很着急，想把迟到造成的损失减少到最低程度。”这个同学很快消除了尴尬的心情，投入了听课，并且成了班里最踊跃的发言者。

这件事充分反映了钱梦龙老师宽阔的胸怀和高超的教育艺术。钱老师没有首先考虑迟到的学生对自己的公开课带来的影响，如打断讲课、中断思路、影响课堂教学气氛等，他对迟到的同学没有丝毫的埋怨、气恼，而是从同学迟到这样的小错误当中发现学生的积极因素和闪光点，非常自然地缓解了学生的尴尬心情，保护了学生的尊严，并巧妙地将不利因素转化为了积极因素。

教师宽容地对待学生，就会以一颗炽热的爱心，春风化雨般地滋润每一位学生的心田，就会以一颗如水的静心期待着学生的自醒自悟；宽容地对待学生，就会使学生感到教师的高尚情操，体会到蕴藏在教师内心深处的尊重与信任；宽容地对待学生，就会营造一种适宜学生内因巨变的土壤与空气，使他们在教师的宽容中形成自信的品质，并在自信的心态中接受着教师的知识、情感和个性，感受着教师的关爱、帮扶和激励，在不断地碰撞、跌倒、爬起中成长、成熟，直至独立前行。教师要清醒地看到，宽容，有时候是最好的教育。

这里，介绍一下美国哥伦比亚大学终身教授戎小春回忆他的小学老师苏老师的感人事迹：

> 戎小春上小学时，有一次逃学去捉蜻蜓，被老师发现后，他很害怕。可是，苏老师并没有批评他，而是利用星期天的时间把他带到京郊延庆县自己家中，领着他到地里去捉蜻蜓。然后，苏老师领着他做解剖实验，指导他在放大镜下观察蜻蜓的单眼、复眼，并且给他讲：蜻蜓的头可以任意转动180°，任何苍蝇蚊子都休想逃掉。苏老师的帮助使戎小春终生不忘，他最终成为卓有成就的学者。

还有另外一个故事：

> 罗杰·罗尔斯出生在纽约一个黑人聚集的贫民窟。小时候，罗杰·罗尔斯非常顽皮，逃课，打架，几乎令所有教师头疼。他没有受到过表扬，经常挨教师的批评训斥，但是根本没有效果。
>
> 幸运的是学校来了一位叫保罗的校长。一天，顽皮的罗杰·罗尔斯从窗台上跳下来，正碰见校长保罗。罗杰·罗尔斯心想，这次

又要挨一顿训斥了！他胆怯地等待着校长咆哮地批评。然而，出乎意料地听到校长对他说："你是个很有前途的孩子，我一看就知道，你将来是纽约州的州长。"校长的话对他震动特别大。"纽约州州长"像一面旗帜，带给了他坚定的信念和极大的鼓舞。从此以后，他的衣服上再也没有泥土了，说话不再有污言秽语，走路挺起了腰杆，学习成绩也不断提高，很快，他成了班主席。后来，他真的成了纽约州州长，而且是美国历史上第一位黑人州长。

苏老师和保罗校长在看到学生调皮的时候，没有把孩子看成"十恶不赦""无可救药"，没有歧视他们、厌弃他们，而是宽宏大度地对待他们的"错误"，在他们的"调皮"举动下面，看到了他们的上进心、进取心，看到了他们都有得到肯定、获得成功的愿望。两位教育工作者，善于发现这两个调皮孩子的"闪光点"，善于点击他们积极进取的"思想穴位"，激发起孩子奋发向上的积极性。裴斯泰洛奇在一封与友人的信中说："即使最穷苦最没有人照顾的孩子，上帝也给他们天生的能力。我已经观察了一个时期，在孩子们的粗笨、怕羞以及显然无能的背后，蕴藏着最优秀的才能，最珍贵的能力。"苏老师和保罗校长的成功，正是看到了这一点，才给予戎小春和罗杰·罗尔斯以宽容的精神和真诚的信任。这正是宽容的巨大的教育力量。

教师宽容地对待学生，首先要走近学生，了解学生。要了解学生的生理、心理特征以及学生的需求爱好等。一个优秀的教师，一个懂得科学教育规律的教师，不能把孩子成人化、理想化，不能把成人的一些美好的愿望、超儿童的特性妄加给孩子们。要洞察孩子对世界的感知以及对周围事物和现实的精神反应和情绪反应。这是我们教师做好教育工作的基本前提。正像苏霍姆林斯基所说："教育——这首先就是人学。不了解孩子——不了解他的智力发展，他的思维、兴趣、爱好、禀赋、倾向——就谈不上教育。"

其次，教师宽容地对待学生，就要融进学生，理解学生。这就要求教师能够保持儿童的童心、儿童的情感、儿童的兴趣和儿童的思维，能够理解学生的情感，理解学生的感受，理解学生的需求，理解学生的精神世界，能够用他们的思想感情投入生活，用他们的眼睛去观察世界，用他们的心灵去感悟世界，与学生一同快乐，一同忧愁，一同激动，一同收获。李镇西说："教育者能否拥有一颗童心，对教育至关重要……乐于保持一颗童心，善于在某种意义上把自己变成一个儿童，这不但是教师最基本的素质之一，而且是教师对学生产生真诚情感的心理基础。"

第三，教师宽容地对待学生，就要接纳学生。接纳学生，首先要尊重学生，尊重他们的人格，尊重他们的感情，尊重他们自身的发展规律；允许学生探索，允许学生求异，允许学生冒尖，允许学生"出格"，允许学生犯错误。特别是要能够接纳那些成绩不好的所谓"问题学生"。美国一位心理学家做过一个实验，对 300 名中学生每 5 年做一次面试，研究他们将来的成就与他们在校期间的成绩的关系。这位心理学家研究了 60 年，去世后他的学生继续研究，结论是两者之间没有任何直接的关系。有人做过一个形象的比喻，说处在成长过程中的学生就像一杯没倒满的水，看上边，杯子是空的；看下边，杯子是满的。只看见空杯子，得到的结论是否定的；看见杯子是满的，得到的结论是肯定的。教师接纳学生的现实，用肯定、激励的态度对待学生，就会使每一个学生从中感受到殷切的期望，体验成功的喜悦，获得进取的动力。

第四，宽容地对待学生，就要信任学生。教师对学生的信任，是对学生人格的尊重，对学生人品的尊重，对学生能力的尊重。充分信任学生，是教师师德高尚和基本职业素质的表现。要充分相信所有学生都是人才，充分相信所有学生都具有无限的发展潜力，充分相信所有学生都能在教师的积极引导下自主学习和充分发展。教育是心灵的事业，需要师生之间心与心的交融，情与情的共鸣。没有教师的真情投入，就不会有学生的真情回报。戴维·威斯格特说："信任是一种有生命的感觉，信任也是一种高尚的情感，信任更是一种连接人与人之间的纽带。"教师对学生的宽容，其实是教师的一种自信：既相信自己的人格，相信自己的教育，相信自己的能力，也相信自己的学生。教师具有这种强大的自信力，就可以凭借自己尊重、理解、信任的强大精神动力，去感化学生，陶冶学生，影响学生，给学生以自我反省、自我教育、自我前进的主动性，从而体现出教师所特有的人文教化功能。

三、熔铸高尚人格

尼采说过："要提高别人，自己必须是崇高的。"作为教师，要具备丰富的知识和熟练的教学技能，但更重要的是教师的人格魅力。人格要靠人格来影响，道德要靠道德来培养，在新形势下，广大教师要不断提高自己的人格修养，彰显自己的人格魅力。

人格，是人的尊严、生命价值和道德品质的总和，是人在一定的社会中的地位和作用的统一的体现。教师的人格是指教师个人的道德品质、性格、气质、能力、水平等的总和。教师的人格魅力就是教师个人成熟的并能够感染和教育学生的道德品质、性格气质、胸怀风度、能力水平等的一种潜移默化的精神力量。

学生作为受教育者，具有很强的向师性，特别是中小学生，教师的人格及其人格魅力，对于中小学学生的感染、影响和教育是非常重要的。美国心理学家鲍德温研究了73位教师与1 000名学生的相互关系后得出结论：一个情绪不稳定的教师容易扰动他的学生的情绪，而一个情绪稳定的教师会使他的学生情绪趋于稳定。另一位心理学家贝克斯特经过长期研究发现：在一个能体谅别人的教师的影响下，学生也会表现出体谅别人的态度；在一个不为常规和个人偏见所束缚的教师的影响下，学生也会富于创造性；一个具有厌倦和失望情绪的教师，他的学生也往往是了无生气和无精打采的。同样，日本的教育家在进行了许多类似的考察和研究后，也得出"教师态度温和与否与学生的学习成绩之间呈正相关的关系"的结论。教育是培养人的活动，教育活动的本质要求教师必须具有正确的示范性。换句话说，教师是用自己的思想、言行和学识，通过榜样示范的方式去影响学生。优秀的教师，在学生的心目中是胜过父母的崇拜者、效仿者，教师的语言、教师的行为在学生心中的信任度，有时远远超出其父母。对于学生来讲，教师的人格魅力对学生的影响是任何力量都不能替代的，是一种无形而又最有力的教育，是最灿烂的阳光。正如俄罗斯教育家乌申斯基指出的："在教育工作中，一切都应以教师的人格为依据，因为，教育力量只能从人格的活的源泉中产生出来。任何规章制度，任何人为的机关，无论设想的如何巧妙，都不能代替教育事业中教师人格的作用。"因此，在教育工作中，教师应十分注意熔铸和培养自身高尚完美的人格。

（一）人格魅力源于对教育事业的无限忠诚

广大教师不是把教书看成谋生的手段，而是毫无私念地把教育作为自己终生奋斗的事业。他们把自己的生命价值与国家民族的前途命运紧紧地联系在一起，全身心地投入教育事业之中，以教书育人为崇高的职责，并能从中享受到人生的无限乐趣。他们淡泊名利，孜孜不倦，兢兢业业，默默无闻，视贫苦如甘饴，视学生如己出，视事业如生命。他们严谨治学，辛勤耕耘，不求回报，不计恩怨，无私奉献，终生不悔。他们以自己的真诚去换取学生的真诚，以自己的正直去构筑学生的正直，以自己的纯洁去塑造学生的纯洁，以自己高尚的品行去描绘学生高尚的品德。人民教师，这个神圣的字眼，让他们两袖清风却一身正气！

2009年教师节，党和国家又一次表彰了全国优秀教师。《中国教育报》在《祖国未来神圣使命——2009年全国优秀教师风采录》专栏中陆续报道了他们的先进事迹。他们每一个人都有着不同的说不尽的感人故事，但他们的一个共同特点，那就是对教育事业的无限忠诚。

黑龙江省鸡东县平阳中学教师张文惠，师范学校毕业后毅然决然地回到家乡的一所中学当了普普通通的教师，一干就是19年。

19年来，她每天都第一个到校，最后一个离开班级；19年来，她每天都坚持至少和一名学生谈心；19年来，她把办公桌放在教室里，每天都和孩子们共同学习生活；19年来，她秉持着“认同每一个学生，帮助每一个学生，让每一个学生都在灿烂的日子里成长”的信念，爱着她的每一个学生。在山村19年的教师生活中，她哭过，笑过，苦过，累过，但从未放弃过。

青海省西宁市的汪昌祥，1974年从多巴中学师范班毕业后，就回乡在尼麻隆小学当了民办教师。那时的村办学校“土屋子，土台子，里面坐着土孩子”。教师在教室里备课，教课，批改作业，中午还要在教室里“用餐”——开水就馒头，馒头就开水。面对简陋的环境和清苦的生活，汪昌祥用倔强的坚守度过了无数个春夏秋冬，用始终如一的热情面对一茬茬的学生。他在爱人受伤、儿子肺炎两人住院的情况下，既坚持两头照顾病人，又坚持不下讲台，不明原因的晕眩让他几次晕倒在讲台上。终于有一天，命运又向他施以更大的打击：他患上了胃癌，而且已是晚期。全乡教育系统踊跃捐款，汪昌祥做了手术，他的胃只剩了1/4。那一年，他36岁。出院后，在家躺了3个月，他不顾亲友劝说、妻子反对，执意拄着一根树棍挣扎着走上讲台，多少次险些倒在讲台上。尽管病魔缠身18载，年过五旬的汪昌祥依然对生活、对教育充满热情。他与乡亲有个约定：实现尼麻隆村70%的农户人家出一名大学生的目标。2009年，尼麻隆村又有7名经他培养的学生考上了大学，比例已经达到了50%。面对奖牌、鲜花和掌声，汪昌祥淡然自定，宠辱不惊，他说：“此生此世，我只钟情教育。”

……

像张文惠、汪昌祥这样的优秀教师层出不穷！他们抱着终生无悔、无私奉献的信念，默默无闻地工作在自己的岗位上，“捧着一颗心来，不带半根草去”。他们身显大家风范，学高为师，身正为范，为人师表，淡泊名利，严谨治学，乐于奉献。他们上承中华民族五千年之传统美德，下扬社会主义精神文明，倾一腔热血为中华哺育英才，尽一生精力为民族培养栋梁。

人民教师的这种对事业之忠诚、浩然之正气，在汶川地震抗震救灾的英雄教师群体身上得到最集中的体现。

在大地摇晃、山崩地裂的危险时刻，在生死一线间，谭千秋、袁文婷、吴忠洪、张米亚、王敏、周汝兰……北川中学优秀教师群体、汶川县映秀镇小学优秀教师群体……他们义无反顾，张开双臂护住学生；他们舍生忘死，一次次返回险境救人；他们置个人安危、近在咫尺的亲人于不顾……他们用行动证明自己无愧于人民教师的光荣称号，他们以高尚的师德赢得了全社会的尊重。他们的事迹感动着中国，感动着世界，他们是我们时代的骄傲！

中共教育部党组在《关于向抗震救灾英雄教师学习的决定》中指出：

> 在这场特大自然灾害面前，灾区广大教师以灾情为命令，视时间如生命，为保护灾区学生生命安全，为抗震救灾作出了重大贡献，涌现出了一大批英雄人物。在生死关头，老师们舍生忘死，挺身而出，用自己的血肉之躯拼死保护学生的生命；在危难时刻，老师们不顾个人和家人安危，始终把学生的生命安全放在首位，义无反顾奋力抢救危难中的学生；在困境之中，广大教师强忍悲痛，坚守岗位，竭尽全力，顽强拼搏，历尽艰险，迅速组织受困学生安全转移，投身灾后重建，恢复正常教学。
>
> 突如其来的特大地震灾害，见证了人民教师的伟大师魂，揭示了人民教师爱与责任的崇高境界。灾难面前，广大教师首先想到的是学生，毫不犹豫地把生的希望留给学生，把死的危险置之度外。他们以英勇无畏和大爱之举，用爱和责任为学生筑起了生命长城，向世人展示了为人师表的精神风貌和崇高的人性光辉。他们用鲜血和生命，践行了人民教师的神圣职责，诠释了人民教师的高尚师德，谱写了人民教师的英雄赞歌。他们的英雄事迹可歌可泣，令人

震撼，催人奋进，集中体现了人民教师的光辉形象、崇高的师德风范和时代精神，在全社会产生了极大反响，赢得了高度赞誉，在地震废墟中矗立起令世人景仰的巍巍丰碑。他们是人民教师的杰出代表，是全国人民心目中的英雄，是全国广大教师和教育工作者学习的榜样。

（二）人格魅力源于教师高雅的品位和崇高的师表

我们常常遇到这种情况，往往一位教师的一段幽默诙谐、富含睿智的谈吐，或者一个漫不经心的儒雅动作，就给学生留下一个非常深刻的印象，那个定格在记忆中的形象，深刻地影响着学生以后的言行、思想，甚至令他们终生不忘！这就是教师品位和师表的作用。

什么是品位？品位在古代本来是指官阶、位次，后来引申为人或事物的品质高下或价值的高低。一个人的品位一般是指人的内心世界和精神层面的内涵，特别是精神追求的层次和精神生活的格调的高低。品位，蕴于内而形于外。它既决定于又直接反映人的思想品质、精神修养、气质风度、审美情趣、生活情调等。一个人拥有高雅的品位，常常会表现出文雅的气质、潇洒的风度、深邃的思想、渊博的学识、丰富的情感、优雅的谈吐、谦逊的举止、得体的衣着，谦和而不自卑，自尊而不自傲，节俭而不吝啬，文质彬彬而不拘谨刻板，率意而为而不张扬放肆……

教师的品位体现了教师的理想追求、道德情操、志趣爱好等，是教师精神生活俗与雅、浊与清、格调高与低的外在反映。

有一位自称教育家的一所名校的校长，在介绍自己的“教育思想”时讲道：

如果走在校园，学生遇到我不打招呼，我一定要叫住他，问他：“我是校长，见到我，为什么不和校长打招呼呢？”在这些小事上，都要注重养成教育……

但是，在一位普通的老教师身上也有这么一件事。就在许许多多年轻教师都在抱怨现在的学生不懂礼貌的时候，我们发现学生们都主动地向这位普通的老教师打招呼问好。原来，这位老教师每天早晨都是第一个来到学校，站在校园门前主动向学生招手问好！平时和学生交往，也是和蔼可亲，没有架子。这就是品位！这就是品位的不同！那位校长，虽然职位比这位普通教师高，但在遇到学生文明礼貌出现问题的时候，对学生是一种责难、批评的态度；而这位普通的老教师呢？则是以自己的文明举止无声地感染学生，潜移默化地影响学生。他没有说教，更没有批评训斥，而是一种“此时无声胜有声”的身教。再看发生在国学大师季羡林身上的一则轶事：

> 北大开学了。一位外地来的新生背着大包小包走进校园，实在太累了！他把行李放在路边。这时，一位老者迎面走来，年轻学子走上前去，说：“老大爷，您能不能帮我看一下包呢？我去办理入学手续。”老人爽快地答应了。一个多小时过去了，年轻学子办完各种入学手续回来时，老人还在尽职尽责地帮他看着行李。几天后，在开学典礼大会上，年轻学子惊讶地发现，那位帮他看守包裹的老人，竟是大名鼎鼎的大学者、北京大学副校长季羡林！

这就是师品！这就是师表！

一所学校为了不让校园的草坪被学生踩踏，在草坪旁边树了一块牌子，上面写道：“已有曲径通幽，何必另辟蹊径”；而在另一所学校，也在草坪边立了一块牌子，上面却写的是：“严禁踩踏草坪！”同样的目的，但却反映出不同的教育品位。

这里再给大家介绍一下特级教师李镇西在某高一年级开学第一次和同学们见面时的情形。

李镇西老师首先做了自我介绍，然后说，我真是盼了一个暑假，盼着和同学们见面。他讲了为什么要申请从当地教科所调回学校，为什么要求当班主任，当感到同学们开始理解老师了，就接着说，第一天见面，老师给大家准备了一份礼物：一封信和一本书。然后读一个名字，便请这位同学到讲桌前领礼物。书发完了，同学们静静地读李老师写给他们的信：

xx同学：

你好！

从今天起，我们就是好朋友了！

……

第一次见到新朋友，我把我早已准备好的礼物送给你——一句话和一本书。

“让人们因我的存在而感到幸福！”我把这句话作为礼物送给你！（请你在心里默念一遍：“让人们因我的存在而感到幸福！”）这既是一种伟大崇高的价值观念，同时也是一种平凡朴实的实践行为。用精神播撒精神，以真情赢得真情。亲爱的朋友，做一个“让人们因我的存在而感到幸福”的人，往往只需“举手之劳”：公共汽车上，你为一位老人让座，这位老人就会因为你而感到生活在这样一个文明的社会环境中是一种幸福；在街头，你热情耐心地回答一位外地人的问路，他就会因你而感到能够得到一位素不相识的人的真诚帮助是一种幸福；有同学病了，你哪怕是送上一句亲切的问候，他也会感到有你这样的同学是一种幸福……今后在我们班，当某个同学遇到困难时，你如果第一时间出现在他的面前并伸出温暖的手臂：“别着急，有我呢！”那样，他会因为有你而感到班集体的无比温馨！我希望在我们的班集体中，大家有共同的追求、共同的荣辱、共同的精神支柱、共同的心理依托；成员之间互相友爱，互相帮助，谁也离不开谁；每一个人为集体的挫折感到难过与忧虑，集体为每一个人的成绩感到欣喜与自豪。

你手中的这本《爱心与教育》也是我送给你的礼物，这是我好几年前出版的一本著作。这本书记录了我和我的学生的故事，是我和我学生真情的结晶。我坚信，在未来的日子里，我们会用行动共同创作出一部新的《爱心与教育》。

……

李老师还介绍了班里以前教过的同学感人的小故事，然后说：

李老师还有一句话要送给大家，这句话是——“我们和他们不一样！”这里的“我们”就是有志向的你们！“我们”的确处于金字塔尖的上部。这意味着什么？意味着“我们”的确比其他同龄人承担着更多的使命！如果我们都没有理想没有志向没有追求，这个民族的确毫无希望可言！

因此，我们和他们不一样；他们可以浑浑噩噩地过日子，我们不能，因为我们和他们不一样；他们可以不学习而沉溺于电子游戏，我们不能，因为我们和他们不一样；他们可以追逐庸俗，我们不能，因为我们和他们不一样；他们可以没有理想，我们不能，因为我们和他们不一样！他们可以放纵自己的懒惰，但我们不能，因为我们和他们不一样！我们这一辈子是要干一番大事业的！我们要在高中三年这流金岁月，充实自己的心灵世界，通过学习，通过书籍，与人类历史上的精神大师对话，因为——我们和他们不一样！

参加这样的班会，听着这样的讲话，你会感受到社会和谐的幸福，感受到集体关怀的温馨，感受到理想和使命的巨大鼓舞！学生受到这样的教育，心灵会得到净化，志趣会得到提升，追求会变得崇高！这样的班会，品位是高的；这样的教育，品位是高的；这样的教师，品位也是高的！

教师的修养和品位是内在的，是做作和伪装不出来的。教师平日生活在学生中间，教师的品位和师表作用每每通过课堂教学、教育活动、为人处世、生活习惯、兴趣爱好、言行举止等自然而然地反映出来，并潜移默化地影响和感染学生。因此，教师是要有一点精神的，教师是要讲究品位的。要加强学习，加强修养；要为人大气，正直无私；要生活正派，情趣健康；讲操守，重品行，保持高尚的精神追求。毛主席曾经说过："一个人能力有大小，但只要有这点精神，就是一个高尚的人，一个纯粹的人，一个有道德的人，一个脱离了低级趣味的人，一个有益于人民的人。"

（三）人格魅力源于教师睿智的思想和先进的理念

思想本身就具有魅力。苏霍姆林斯基说："人只有依靠思想才能获得自己的个性，也才具有创造性，才能成为为某种事业献身的真正战士。"又说，"丰富的思想使人成为人的精神世界的独立力量，它激励人们去实现高尚的行为。"思考者是美丽的。

教师具有睿智的思想和先进的理念，才会成为"知识分子"。教师教书必须要有知识，但有知识不一定是知识分子。什么是知识分子？知识分子不只是有知识，更要有思想，知识分子是那些"不管从事什么职业，再也改不掉学习、思考、研究的习惯和爱好"且具有"独立思考和判断的总体能力"的人。伽利略是这样的人，拉瓦锡是这样的人，张志新、老舍、季羡林等是这样的人！普通教师可能成不了名家，但教师必须有这点精神——知识分子的精神。肖川在《成为有思想的教师》中写道："真正意义上的知识分子，并不是平常所说的拥有某种专业知识或一技之长的专家群体。他们应该是受过相当教育、对现状持批判态度和反思精神的人；关注自己的个性发展和社会的全面进步；具有博爱的胸怀，对他人、对社会、对自然、对国家、对民族、对世界乃至全人类有一种文化主体意识的超世俗的责任感。知识分子应具有独立精神和自由之思考能力，说真话，追求真理，批判现实，为底层民众说话以及宣扬普世价值。"教师坚持真正知识分子的精神，才会享有真正的人格魅力。

教师具有睿智的思想和先进的理念，才会有对教育本质的深刻思考，才会真正懂得儿童的“内涵”，才会真的能够把握教育的真谛，而从事真的教育。

作家韩少功写过一篇短文《山里少年》，他说，他在乡下住了些日子，看到乡村教育的一些现象，十分令人忧虑。

> 初中生流失成了农村新的沉重。学习枯燥无味而且负担重，造成了孩子们的厌学。读了书仍无就业保证，正使家长们失望……钱仍然是重要的问题……许多家庭为了供一个孩子上高中不得不全家外出打工，留下一个荒草掩道和蛛网封门的家。
>
> 教育既然能够远离知识，当然更能够远离正常人格。我在A乡的走访一次次滑入困惑。我发现凡精神爽朗、生活充实、实干能力强、人际关系好的乡村青年，大多是低学历的。老李家的虎头只读过初中，是个木匠，但对任何机器都着迷，从摩托到门锁均可修理，看见公路上一辆吊车也要观察半天，是百姓相求的“万事通”，自己日子也过得很富足。周家峒的献仁更是个连初一也没读完的后生，忙时务农，闲时经商，偶尔也玩一玩麻将或桌球，但并不上瘾，已经娶了个贤惠妻子，见邻居有困难就乐呵呵地上门相助，走在山路上还哼几句山歌。与此相反，如果你在这里看见面色苍白、目光呆滞、怪癖不群的青年，如果你看到他们衣冠楚楚从不出现在田边地头，你就大致可以猜出他们的身份：大多是中专、大专、本科毕业的乡村知识分子。他们耗尽了家人大量钱财，包括金榜题名时热热闹闹的大摆筵席，但毕业后没有找到工作，正承担着巨大的社会舆论压力和自我心理压力，过着受刑一样的日子，但他们苦着一张脸，不知道如何逃离这种困境，似乎从没有想到跟着父辈下地干活是突围的出路，正是读书人自救和人间正道。他们因为受过更多教育，所以必须守住自己的衣冠楚楚的怀才不遇。

这真是一段沉重的文字！韩少功看到的绝不是个别乡村的现象。孩子们受教育为的是什么？父母亲省吃俭用送孩子上学又是为的什么？难道是为了最后让他们衣冠楚楚、怪癖不群，不能自食其力？这是我们的教育苦苦追求的结果吗？

再看看教育过程。只要留心，我们就会发现诸如下面的情况：

体育课上，一位学生动作不规范，教师给予纠正。学生觉得有失面子，做了个鬼脸借以自嘲，平衡一下心理。不料教师猛回头看了个正着，不禁勃然大怒。于是，连拉带扯把学生推进办公室一顿训斥。班主任为挽回教师的面子，拿起电话要请家长，学生情急之中一步跨上去扯断了电话线，这下，学生更加有苦头吃了。

一位女生喜欢上了班里的一位男孩子，偷偷给男孩子写了几封信，信里写了一些喜欢男孩子的话。不料被教师发现了。教师在班里大声朗读这位女孩子的信，还说了许多难听的很难写出来的话。

老师正在讲课，小许听了一会儿就明白了。可老师还在讲，小许很喜欢数学，而且老师平时对自己不错，不听讲好像对不住老师，但是，老师不厌其烦的讲述实在让自己听不下去了，于是扭头跟同桌的小辛说话。小辛也正在烦，不过他是因为听不懂而烦。于是两个人不再听老师讲课，小声说起话来。终于被老师发现，老师中断讲课，怒声训斥这两个学生。

上级领导要来检查学校工作，小华的班级提前好几天就开始准备公开课了。老师怎么开头，怎么导入，提什么问题，由谁来回答，老师怎么总结等，反复准备，很像电视剧的排练！领导同志来了，课上得“很成功”。

某中学发年终奖金要参考学生对教师的评价，某数学教师在班里发动学生给自己打高分，并且还威胁学生如果告诉学校或者家长将受到严厉处罚。

快要期末考试了，考试成绩县里要排榜的。教研员找到校长：“今年考试县里要排榜的，你们毕业班的老师要不要辅导一下啊？我马上要出去封闭出题去了！”校长心领神会，立即答应：“当然需要！当然需要！我们马上安排毕业班教师听辅导！”理所当然，毕业班的成绩很优秀，校长也受到县里的表彰。毋庸讳言，教研员也得到学校给的应有的劳务费。

……

充斥在学校里的这些现象是不是很值得我们深思？这些所谓“教育”还有多少教育的真味？肖川说，在今天，我国的中小学教师普遍缺少一种文化精神、文化眼光，缺少一种自觉的价值追求，缺少一种坚定的对于社会、人生和教育的理想与信念，一言以蔽之，缺乏“思想”。其后果是中小学教师付出的大量劳动停留在低层次的“教书育人”上，缺乏对学生精神上的引领，缺乏对自身工作高远的立意，缺乏对“课本知识”所承载的价值观和心理结构的深刻洞察。说得极端一点，把“教育”浅化、庸俗化为没有灵魂的认知结果的堆积。肖川教授说的是那些兢兢业业、辛辛苦苦但专业化水平不高的教师，而我们上面说的这些现象岂止是远离教育的本原，有的简直是对教育的亵渎。

作为一名优秀的教师，只有具有深刻的思想和前沿的理念，才能深刻理解教育本原的内涵，才能体察到所谓“儿童”的真正内涵，才能真正明了教育的真谛与主旨，也才能够真正履行一名人民教师所应履行的使命与职责。

具有睿智的思想和先进的理念，才能够创造性地从事自己的教育事业。教育是世界上最富于创造性的事业，是世界上唯一不能重复的事业。首先，教师的工作是能动的。教师是在教书中育人，在育人中教书。教师的工作是创造性的工作，教师是创造性的人，教师在学校教育教学中是能动的主体。在教育教学活动中，教师始终起着主导作用，国家的教育主张、教育方针、政治诉求等都是通过教师落实的。因此，教师的思想、理念十分重要。正像李镇西所说，无论是教育要“三个面向”，还是培养“四有新人”，都是我们教育者应该遵循的指南。但上级的任何高屋建瓴的英明决策，都不能取代千千万万第一线的教师富有创造性的实践；而创造性实践的前提是创造性思考。其次，教师的工作是一种创造性的脑力劳动，不但要传授知识和能力，还要培养学生远大的理想、良好的行为习惯、优秀的道德品质、高尚的情趣追求。教师面对的学生，思想情趣千差万别，而教学内容丰富多彩，特别是许多教育素材是隐形的，需要教师凭借自己的思想、素质、感悟去挖掘。再次，教师的工作是在创造中合作，在合作中创造的。教师的工作最讲究协作。教学中，不同的任课教师需要相互协作，密切配合。比如，英国的中小学要求每位任课教师对每一位学生的教育背景、学习品德状况、有哪些问题、进行了哪些教育、取得了哪些成效、还有哪些问题、今后教育建议等都要形成文字材料，并且一式若干份，校长一份，家长一份，每位任课教师各一份，以取得教育的一致性。但是教师的学习、修养、预设、讲授、辅导和批改作业等却又是个体的，是教师思想的内部活动，不能生吞活剥、照搬照用别人现成的经验，更不能完全依赖别人，每一节课、每一次教育活动都只能靠自己的深思熟虑，自我发挥，自我创造。第四，教师教育教学的对象是生命的、灵动的。教师面对的是一个个生龙活虎的稚嫩的心灵。无论是教育还是教学，教师都必须以自己创造性的举动去完成。而这既需要烂熟于心的教育教学艺术和经验，更需要睿智的思想和先进理念的指导。

（四）人格魅力源于教师渊博的学识和独特的教学风格

课堂是师生共同生活的主要场所，是学生向教师学习知识、增长学问的地方，也是教师传授知识、展示才华的舞台。学高为师，具有渊博的学识是一名优秀教师必备的基本素质之一，也是实施素质教育的保证。教师可能不会“才高八斗”，但完全可以“学富五车”。教师具有渊博的学识，“上知天文，下知地理”，教学中就可以保有潇洒的教态和举重若轻、游刃有余的自如，讲起课来就可以纵横捭阖，左右逢源，旁征博引，汪洋恣肆，就可以使教师的教学由必然王国进入自由王国，使教师的丰富知识与娴熟的教学艺术达到完美的结合，使教学达到炉火纯青的境界。达到这样的境界，就不会出现捉襟见肘、呆板生涩的情形了。有这样一个案例：

有一年的教师节，一位语文教师刚好上郑燮的《竹石》一课。当教师走进教室，同学们忽地站起来，异口同声地祝贺："老师节日好!"讲台上鲜花盛开，芳香四溢。老师被感动了，情不自禁地说："同学们，你们真诚的祝贺和五彩的鲜花，让我想起了我的老师，下课后，我会立即给我的老师发一封短信，写什么内容呢？我想，郑燮的《咏竹》最能表达节日里对老师的深深谢意。"学生们一个个竖起耳朵，静静地等待老师继续讲。于是，语文老师在黑板上挥洒自如地写下："新竹高于旧竹枝，全凭老干为扶持。明年再有新生竹，十丈龙孙绕凤池。"教师引导学生理解了诗意以后，语重心长地说："我的成长离不开许许多多恩师的栽培和扶持。你们现在也像一棵棵新生的竹笋，我今天的努力必将换来你们的茁壮成长，到时候，你们郁郁葱葱，修长挺拔，那'十丈龙孙绕凤池'的景象将多么美妙!"

因为教师平时就非常喜欢郑板桥画的竹，喜欢背诵郑板桥写的诗，于是，在那种课堂气氛中，教师继续娓娓道来："郑板桥还有一首诗：'四十年来画竹枝，日间挥写夜间思。冗繁削尽留清瘦，画到生时是熟时。'四十年来的勤奋刻苦，反复琢磨，使郑板桥总结出画竹的三种境界：一是眼中有竹，就是认认真真观察自然界中的竹子；二是胸中有竹，就是对要画的竹子了然于胸，他说：'我有胸中十万竿，一时飞作淋漓墨'；三是胸无存竹，要画竹时，根据自己喜怒哀乐的情感，胸中随时都能创造出竹子的新形象来。竹，使郑板桥名垂千古；郑板桥，使竹别有风骨，他们竹人合一，相得益彰。”接着，教师又讲了郑板桥关心人民疾苦，不恋荣华，一身正气的诗句“衙斋卧听萧萧竹，疑是民间疾苦声”“写取一枝清瘦竹，秋风江上作鱼竿”。介绍完这些知识以后，教师话锋一转，“接下来我们学习郑板桥最有名的诗——《竹石》，请同学们翻开课本……”

教师节特定的时机、同学们热情的祝福和尊敬师长的情谊，改变了教师原来的教学计划，教师积极调动平时的知识积累，结合课文，用诗的语言开阔学生的眼界，享受知识的魅力。整节课，学生都处在亢奋的状态，理解《竹石》的艺术境界和内涵就水到渠成了。

如果教师没有这么多的知识储备和深厚的文学修养，只是干巴巴地说：“好！非常感谢同学们！今天，我们学习新课，郑板桥的《竹石》，请翻开课本……”该是多么索然乏味！

还有一个例子：

一位物理教师在讲“机械运动”一节课时，开篇讲道：“在第一次世界大战时，一位法国飞行员在2 000米高空飞行时，发现自己脸旁有一只小昆虫，他敏捷地顺手把它一把捉了过来。令他吃惊的是，那不是昆虫，而是一颗德国子弹！”这样一段开场白，一下子就把同学们吸引住了。

教师将第一次世界大战的趣闻与课文知识紧密结合，顿时使课堂教学气氛活跃起来。如果教师没有丰富的阅历，这样的教学是不可能出现的。

教师具有渊博的学识，要求教师不仅仅要具备所教学科扎实的知识功底，而且需要了解学科专业知识以外的丰富知识，如人文类的知识（哲学、政治学、经济学、社会学、伦理学、心理学、历史学等）、科技类的知识（自然科学常识、文理交叉类知识等）、工具类的知识（语言、计算机、网络、文献检索知识等）、艺体类的知识（书法、音乐、美术、舞蹈、戏剧、摄影、文学欣赏、体育、卫生保健知识等）、劳技类的知识（现代工农业生产知识、一般的生产劳动知识等），教师更要学会如何教书、如何育人的科学知识和艺术。这就要求教师要不断地读书，读书，再读书，学习，学习，再学习！做到眼界开阔，兴趣广泛，多才多艺，一专多能。

优秀的教师还应该甚至必须在教学娴熟的基础上，锤炼和形成自己独特的教学风格。我们常常发现下面这种现象：学生们、家长们、甚至老师们口口相传：某某老师的课讲得多么精彩，学生们多么多么爱听；也口口相传：哪个老师的课多么不好，上他的课就想打瞌睡……教师的教学，能否被学生甚至家长接受、受不受学生欢迎，其教学风格起着十分关键的作用。成熟的教学风格是教师在教学过程中，不断锤炼，不断探索，不断追求而逐步形成的并自然而然地表现出来的稳定的教学风貌。教学风格体现着一个教师的审美情趣、思想倾向、思维方式、学识修养、性格气质、能力水平等众多的个性因素。优秀教师的个人风格多种多样，各有所长：有的教师教学充满机智幽默，有的则富有儒雅诗意；有的充满深邃质朴，有的则富有灵气激情；有的以大气磅礴见长，有的则以稳重沉着、睿智深刻而显著……优秀教师独特成熟、自成一家的教学风格常常会使学生陶然沉醉，进而潜移默化地受其影响。

陈启智的《启功授课风采》记述了大师启功的教学风采，令人久久掩卷沉思。

1981年冬季的一天，我正在母校北师大进修古典文学。听系里老师说，晚上启功先生上大课，地点在阶梯教室。我提前去了教室，很快就座无虚席，连两面的窗台都有人占了。八点整，启功先生准时走上讲台。奇怪的是，先生手中既没拿教材，也没拿讲义。行礼之后，先生走到第一排学生面前，客客气气地借了一本教材，翻了一下，问同学讲到哪了？学生齐声回答：“讲到《芜城赋》

了。”先生说：“好，今天接着讲。”说着把教材还给学生。

看到学生拿出笔记本和钢笔，先生忙说：“不要记，不要记。不过是胡说八道!”先生正式讲课的语调和平时没有什么两样，非常随意、自然，既紧扣内容，又旁征博引，而且诙谐幽默。听此课是在28年前，我当时也遵嘱未做记录，但先生课中有几处至今言犹在耳。

一处是说起金陵。先生说，在此建都的有吴、东晋、宋、齐、梁、陈。顿了一下，先生又说：“还有国民党。”引起哄堂大笑。先生却不笑，一本正经地说：“这没错，国民党‘总统府’就在南京。”

当讲到广陵当年繁盛之状时，先生背诵“车挂，人架肩，廛閈扑地，歌吹沸天”。有个同学问：“古书怎么有那么多不好认的字?”先生回答：“其实在古代，许多字是流行字，只不过今天很少用了。就像我刚才进门时脱的大衣，前些年都叫‘大氅’，现在再说‘大氅’，就不知何物了。一个时代有一个时代的流行语言，多读古书，就不费事了。”

第三处是讲到陆机《演连珠》中的“鉴之积也无厚，而照有重渊之深……”一句时，先生说，有人向王安石推销镜子，说他的镜子能照多远。王安石说，我的脸只有脸盆那么大，照清楚就行了，用不着照那么远。大家又是一阵笑声。而后先生再讲原句。这种讲法既活跃了气氛，又形象说明镜子具有不同的功能，选取哪一点，全在人的需要。

如此上课，真让人大开眼界。一次，我与我的一位师姐兼同事黄绮丽谈起此事，她说：“这是启功先生一贯的风格，我在50年代中期，听过先生一个学期的课，内容是唐宋诗词。先生上课，只带几根粉笔，没有教科书，没有讲稿，连原著都没有。走上讲台行礼后，总是先问学生，上次讲到哪儿啦。了解了确切进度，再开讲，还特别受欢迎。”

这样的讲法，犹如天马行空，活泼自然，妙趣横生，使学生在轻松的气氛中领悟真知灼见。而能长年运用此法授课的根本，在于先生丰富的知识储备、扎实的古文功底、超人的记忆力、独特的见解、创作诗词的能力以及拥有类似相声演员“现挂”的机敏和智慧。

第二节 修炼方法

著名特级教师杜蕴珍说："专业精神是实现教师专业化的'魂'，没有师魂就实现不了真正的教师专业化。专业精神指的是酷爱事业的奉献精神，乐于吃苦的实干精神，敢于为先的创新精神，勇于进取的学习精神，关注发展的科学精神。教师要热爱教育事业，要把教师工作当成一项事业，不断追求，不断奋斗，努力做到：敬业爱岗（师业）、热爱学生（师爱）、严谨治学（师能）、为人师表（师风）。古今中外，无数优秀教师的成功经验都在于此。"

专业精神就是师德精神。要成为一名专业化的优秀的教师，修炼师魂是第一课。教育部和中国教科文卫体工会全国委员会修订并印发了新的《师德规范》，激励和引导广大教师向全国教育系统的模范教师、特别是抗震救灾英模教师学习，树立崇高的职业理想，自觉规范思想行为和职业行为，做让人民满意的教师，具有重要的意义。我们每一位教师都应自觉以《师德规范》为标尺，严格要求自己，努力提升自己的师德风范。那么，怎样修炼师魂呢？

一、高标准，做最好的自己

当你成为一名人民教师，走上三尺讲台的时候，就要给自己树立一个标准：做一名优秀的人民教师。

（一）要对自己所从事的工作树立一种高远的立意

一些青年教师对于自己从事的教师工作缺乏正确的认识，认为整日备课、讲课、批改作业、纠缠在解决学生的问题中……这种生活实在乏味！甚至还有的青年教师觉得这样度过一生实在没有价值！一个人如果对于自己所从事的职业缺乏一种社会的、人文的、奉献的责任，缺乏对自身职业、对于世界、对于他人的意义的领会，那么，实际上是对自己的人生意义的否定。爱因斯坦有句名言："人只有献身社会，才能找出那实际上是短暂而有风险的生命的意义。"人是有精神的，精神性是人的最高属性，精神追求是人的最高追求。只为自己或只为谋生而从事教育工作是不会快乐和幸福的。你看特级教师李镇西是怎样看待自己的工作的："踏踏实实上好每一堂课，仔仔细细批改每一本作业，认认真真对待每一次谈心，开开心心组织每一次活动，我高兴，学生也快乐。这样做教师，多么有意思！"在这样的心态下，教育从容了！"每天都有新的发现，每天都有新的领悟，每天都有新的收获，因而每天都有新的快乐。"

因此，教师要追求高标准，即追求优秀——崇高的灵魂和智慧的头脑。要在自己的工作中深刻感悟生命的最高意义，努力获得心智能力的积极实现，从而树立起对于自己工作的高远立意。

（二）努力做最好的自己

李镇西老师曾经对自己的学生说："你也许不是最美丽的，但你可以最可爱；你也许不是最聪明的，但你可以最勤奋；你也许不会最富有，但你可以最充实；你也许不会最顺利，但你可以最乐观……因此，你若是工人，就要当技术最出色的工人；你若是营业员，就要当服务质量最佳的营业员；你若是医生，就要当医术最高明的医生；你若是教师，就要当最负责的教师；甚至你哪怕只是一名'个体户'，也要当最受顾客称道的劳动者！你也许不能成名成家，不能名垂青史，但你可以成为同行业中千千万万普通人里最好的那一个！通过努力，你完全可以成为最好的自己！"李镇西老师对学生这样讲，自己也是这样做的。他努力地实践着：今天要比昨天好，明天要比今天更好！他认为做最好的自己，是一种平和的心态，也是一种激情的行动；

是对某种欲望的放弃，也是对某种理想的追求；是平凡的细节，也是辉煌的人生；是“竹杖芒鞋轻胜马”的闲适从容，也是“惊涛拍岸，卷起千堆雪”的荡气回肠。在这种心境下，他踏实地稳健地一步步地攀登着：

> 我今天备课是不是比昨天更认真？我今天上课是不是比昨天更精彩？我今天找学生谈心是不是比昨天更诚恳？我今天处理突发事件是不是比昨天更机智？今天我组织班集体活动是不是比昨天更有趣？我今天帮助“后进生”是不是比昨天更细心？我今天所积累的教育智慧是不是比昨天更丰富？我今天所进行的教育反思是不是比昨天更深刻？今天我面对学生的教育教学建议或意见是不是比昨天更虚心？我今天所听到各种“不理解”后是不是比昨天更冷静？……每天都不是最好，甚至每天都有遗憾，但每天都这样自己和自己比，坚持不懈，我便不断地向“最好的教师”的境界靠近。

我们认为，李镇西老师师德修炼的经验值得每一位想做优秀教师的教师认真学习。

二、以人为镜，学习榜样

唐太宗有句名言：“以人为镜，可以知得失。”学习先进是教师道德修炼的重要方面。用现在的观念去理解，“以人为镜”就是以他人的言行得失、经验教训来反观自己，审视自己，衡量自己，以判别是非，把握方向，裁定取舍，少走弯路。

（一）以先哲、圣贤为镜

以先哲、圣贤为镜，是与圣贤、大师为伍，是追随伟大人物的思想、德行和智慧。以圣贤为镜，就是要读圣贤的经典之作。毛泽东主席说过：“知识分子接受前人的经验，主要靠读书。”古今中外的经典，是几千年大浪淘沙留下来的真金，是时代、民族文化的结晶，是人类共同的精神财富。学习圣贤，学习经典，会对我们产生长远的、特殊的影响，会开发我们的心智，启迪我们的智慧。一些青年教师缺乏生活目标，缺乏人生动力，除了其他种种原因之外，缺少文化修养是根本的原因。而在教育教学实践中表现出的捉襟见肘、浮躁浅薄，则更是文化造诣文化修养不足的表现。教育信仰、教育理想不是凭空建立起来的，除了丰富的教育教学实践和社会实践外，还要具有丰厚的文化基础。因此，我们不仅仅要读教育先贤的经典论著，还要读古今中外的文化经典，从中汲取广泛的精神营养，精神营养汲取的愈多，精神底气就愈足、愈厚、愈丰，就会在独立的分辨、选择、融汇、创造中树立自己的教育理想。教师不仅要学中国的圣贤，还要学外国的圣贤；不仅要读中国的经典，还要读外国的经典；不仅要读教育方面的经典，还要读社会科学的、人文科学的和自然科学的经典。同时，还要读现实生活的这部“大经典”，关心、参与现实生活的变革、发展和创造，加深对生活的理解。通过读经典、学圣贤，帮助自己树立生活的目标，增强人生的动力；增长自己的真知灼见，汲取人类精神的精华；提升自己崇高的气质品位，促进自己的精神成长。

（二）学习先进学习榜样

教师想要尽快地成长，善于学习先进模范、善于学习榜样是非常重要的。一是要虚心学习先进。孔子说“见贤思齐”，意思是见到有人在某一方面有超过自己的优点和贤能的地方，就虚心学习，想办法达到和他相同的水平或超过他。要和先进比先进，不能和落后争落后。但不要看人家被评上“先进”“模范”，就心生不平，甚至心生妒忌。有的学校号召教师：“收起食指，竖起大拇指！”正像雷锋所说的：“在工作上，要向积极性最高的同志看齐；在生活上，要向水平最低的同志看齐。”二是要善于学习身边的榜样。孔子说：“三人行必有我师。”大艺术家罗丹说：“生活中不是缺少美，而是缺少发现的眼睛。”要带着真诚的心态多看同事的优点、成绩，不要使自己的某些优势成为自己前进的绊脚石。有这样一个小故事：

一位博士刚刚进入一个研究所。

一天他到一个小池塘钓鱼，正好正副所长在他一左一右，也在钓鱼。他只微微点了点头，跟两个本科生毕业的有啥好聊的呢？

不一会儿，所长放下渔竿，伸伸腰，蹭蹭蹭地从水面飞过，到对岸上厕所。

博士的眼镜惊得快掉下来了：水上漂？不会吧？所长上完厕所回来的时候，同样是蹭蹭蹭地从水面上飘回来。

怎么回事？博士不好去问，自己是博士啊！

过一阵，副所长也站起来，伸伸腰，蹭蹭蹭地飞过水面上厕所。这下博士更是差点晕倒：啊？我到了江湖高手云集的地方？

又过了一阵儿，博士也内急了，又不好薄面去问两位所长，“我是博士啊！”憋了半天，也起身往水里跨，心里想：本科生能过，我博士生不能过？

结果只听“咕咚”一声，博士掉到水里，像个落汤鸡。

两位所长将他拉上岸，问他为什么跳水？他问：“你们怎么可以走过去呢？”两位所长哈哈大笑：“这池塘里有两排竹排子，这两天下雨涨水，竹排子正好在水面下。我们都知道竹排子在什么位置，所以可以踩着竹排子过去。你怎么不问一声呢？”

博士听后，羞愧难当。

这个小寓言一样的故事，告诉我们，要时时处处尊重别人，尊重别人的经验，不要妄自尊大，否则，只会闹出笑话。

（三）要善于博采众长

古人说：“尺有所短，寸有所长”，又说“海纳百川，有容乃大”，还说

“君子博取众善以辅其身”。善借外智，才能开阔思路；善借外力，才能攀上高峰。爱因斯坦说，他是站在了巨人的肩上，才获得巨大的成功的。要善于把众人的嘉言懿行吸收过来，作为自己修养上进的资源。这里也有一个小故事，颇令人玩味。

> 有一天，中美法日俄几个国家的人一起聚会。日本人谦恭地捧上淡薄的清酒，法国人傲慢地拿出名贵的白兰地，俄国人豪爽地倒上烈性的伏特加，中国人自豪地摆上醇香的茅台。只见美国人拿出一只空杯子，将清酒、白兰地、伏特加和茅台先后倒入杯中，然后举起杯子幽默地说：“瞧！这是我们美国的鸡尾酒！”

好一个鸡尾酒！正是这种兼收并蓄、博采众长的精神，使美国在很短的时间内发展成为世界上最为强大的国家。我们希望老师们都能具有这种兼收并蓄、博采众长的精神，善于学习他人的经验，善于汲取他人的教训，善于吸收他人的智慧，善于借鉴他人一切可以借鉴的东西，也使自己迅速成长为“最为强大的”教师。

（四）要善于向学生学习

善于向自己的教育对象学习，这是一名优秀教师应该具备的良好修养之一。本来中国历史上历来就有这样的优良传统。古人说，“教学相长”“弟子不必不如师，师不必贤于弟子”“青出于蓝而胜于蓝”，还有谚语所说“长江后浪推前浪”等都表达了这样的意思。善于向学生学习，首先要承认教师在许多方面不如学生，特别是在当前信息社会和网络时代中，教师不再是知识的所有者和唯一传授者。教师在某些方面比学生强，是因为教师比学生有更多的知识与经验。但是在很多方面，学生是我们老师的老师：学生的真诚、学生的善良、学生的求知欲、学生的想象力以及他们的童心童真等，经常让教师感觉惭愧。比如，教师常常教育学生看到地上有垃圾要随手捡起，而我们教师有多少能弯腰屈膝去捡起地上的一张纸屑呢？卫生扫除中，每次冲在最前面、干得满头大汗的是学生，教师常常只是布置任务，监督检查，有几位教师能够身先士卒参与到劳动中呢？教师常常教育学生要懂礼仪、讲礼貌，我们见到的总是学生主动向教师打招呼，有多少教师是主动向学生打招呼呢……李镇西老师说，我们承认学生有些方面在我们教师之上，这并不意味着教师就放弃了对学生的教育责任。恰恰相反，只有教育者随时随地意识到自己的不足，才真正有利于教师的不断完善。不仅如此，教师在整体上可能知识和经验比学生丰富，但在某些方面的知识、才华和能力常常不如学生。比如，教师的字不如学生写得漂亮，教师的文章不如学生写得精彩，教师的解题思路不如学生灵活、解题方法不如学生简练，教师的态度不如学生沉着，教师的心境不如学生宁静……“我是老师”——以身作则，身先示范；“我也是学生”——相信学生，依靠学生，向学生学习，与学生共同成长。还应该认识到，向学生学习，教学相长是现代教育现代教学根本变革的体现。在当今时代，学生的学习不再是单纯依靠传授的方式，他们的学习更主动、更积极、更自主。

教师教育学生，学生也教育教师，这就是师生共同发展、共同进步、教学相长的过程。从某种意义上讲，教育是师生心灵和谐共振、相互感染、相互影响、相互激励的精神创造过程，它是心灵对心灵的感受，心灵对心灵的理解，心灵对心灵的耕耘，心灵对心灵的创造。教育达到这种境界，才是生命的、自然的、成功的。

三、克己自律，塑造自我

21 世纪是一个智能化的时代，知识更新的速度愈来愈快，人的主体地位和作用将日益增强；社会活动将以知识的丰富为基石，以人格的独立为前提，以创新精神为动力。师德作为教师的行为准则和规范，主要通过教师内心的信念发挥作用，通过教师在师德修养过程中的自我意识、自我觉悟和自我要求来实现。师德修养，要求教师在教育教学实践和现实生活中，注重自我学习、自我约束、自我调控、自我塑造。

（一）做到自知之明

自知之明，是一个人之所以能够不断进取、有所发展、有所成就的内在力量，也是一个人思想品德修养的体现。只有具备了自知之明的可贵品德，对自己各方面都有清醒的认识，才能在工作、事业和生活中，自觉地寻找差距、弥补不足，更好地完善和丰富自我。要努力做到自知而不自见，自爱而不自贵，自信而不自负，自谦而不自卑。

（二）做到严于责己

古人说："以责人之心责己，则寡过。"意思是，以要求别人的标准来要求自己，自己就可以减少过错。在中华民族这个文明古老的国度中，严于责己是加强自我修养、攀登道德制高点的阶梯；是一种力行道义、胸怀宽广、情操美好的人格品质；是人的高风亮节的彰显；是较高水准道德修养的一种体现，同时也反映了人们处理人际关系的高尚人格，是中华民族待人处世的一种美德。严于责己实际是一种心灵的自律、心灵的约束。教师自我塑造，就必须用心灵来规范自己的言行，以自己的"言"为学生之师，以自己的"行"为学生之范。

（三）做到慎独慎微

"慎独"一词，出自《礼记·中庸》一书："君子戒慎乎其所不睹，恐惧乎其所不闻。莫见乎隐，莫显乎微，故君子慎其独也。"慎独慎微是一种情操；慎独慎微是一种修养；慎独慎微是一种自律；慎独慎微是一种坦荡。所谓慎独慎微，是指人们在独自活动无人监督的情况下，凭着高度自觉，按照一定的道德规范行动，而不做任何有违道德和法律之事。"勿以恶小而为之，勿以善小而不为。"这是进行个人道德修养的重要方法，也是评定一个人道德水准的关键性环节。

明代曹鼎任泰和典吏（相当于现在的检察干部），他在一次捕捉盗贼的时候，抓了一名绝色女贼。由于离县衙路远，夜宿一座庙中。月光下，女贼千方百计地以色相引诱他，当他实在顶不住的时候，就写下了“曹鼎不可”四个字贴在墙上提醒自己。转念一想，在这荒山野外，谁能知晓，于是他把纸条撕下来，便要破门而入，顿时又觉不妥，感到这是因私欲而废公法的行为，又退回把纸条贴上。可又一想，送到嘴边的肉不吃不是太傻了吗？于是又把纸条撕下来，转念又一想，自己是执法人员，这是知法犯法的行为，又把纸贴上。过了一会儿又产生一念，她是犯人，做了坏事她也不敢说，又把纸条撕了下来，刚要进门，又一想不行，这是乘人之危，是不道德的行为。如此这般一夜折腾了十几次，终于保住了清白之身。

由此可见，慎独是很难的。今天，在市场经济条件下，物欲横流，处处充满着诱惑和陷阱，慎独更是难上加难。刘少奇同志在《论共产党员的修养》中引用了“慎独”一词并赋予新意，他指出：对于认真进行道德修养的共产党员来说，即使在他个人独立工作、无人监督、有做各种坏事的可能的时候，他能够“慎独”，不做任何坏事。无数革命前辈，由于工作的需要，常常独立作战，正是靠这种高度自觉的慎独精神，给后人留下了“清白于世，忠诚一身”的光辉典范。“慎独慎微”是道德修养的最高境界，是教师良好师德和修养的体现，要求学生做到的，教师首先要做到；在学生面前能做到的，在学生不在的地方也能做到。在无旁人的时间和空间中，应更加严格地要求自己。要充分认识到，坚定的意志是教师自身修养的重要保证，而“慎独慎微”是磨炼意志的有效途径。教师要自觉地同私心杂念作斗争，自觉纠正不良行为，在自我批判中坚定自己的意志，在独处的时空中保持良好的品质。

四、勇于解剖自己

“吾日三省吾身。”严于解剖自己，认真进行自我批评，是教师提高师德修养的重要方法。“人非圣贤，孰能无过?”教师亦非圣贤，在教育教学过程中也不可避免地会出现这样那样的缺点和错误。优秀的教师不是不会发生失误、错误的教师，而是总会善于吸取教训、总结经验、从失误中汲取力量的教师。泰戈尔有句诗：“真理之川从错误之渠中流过。”著名翻译家傅雷说：“真正的英雄不是没有卑贱的情操，而是永不会被卑贱的情操所征服；真正的光明不是没有黑暗的时候，而是不会被黑暗所湮没。”对待工作中的缺点错误有两种态度：一种是善于把教育失误转化为教育财富；一种是无视错误，文过饰非，这是一名教师师德修养高低的一个分水岭。对于一位优秀的教师来说，每一次教育失误都是一个进步的台阶，一次道德的升华。而自我原谅、文过饰非非但于改正错误之无补，反而使自己陷入另一个错误的陷阱，陷入更加尴尬的境地。

一位教师在讲课中把“莘莘学子”解释成了“辛辛苦苦的学生们”。一位同学立即举手纠正教师的错误。教师说：“我们可能没有认真查字典，今后注意!”教师以为可以模糊过去，不料那位同学又立即说：“老师，这不公平，是您错了，而不是‘我们’。”结果弄得教师更加尴尬。

教师师德修养实质上是对自己的高标准、严要求，不断克服自己头脑中陈旧的道德观、教育观，逐步树立正确的道德观、教育观的过程。教师要不断地严格检点自己，严格解剖自己，一日三省，对于错误，有则改之，无则加勉，同时，还要正确地对待别人对自己的批评，在别人的批评中正确认识自己、升华自己。

李镇西老师写过一篇短文《勇于承认自己的错误》，短文真实地记载了李老师主动征求意见、勇于承认错误的宽广胸怀，体现了李老师高尚的师德修养和由此而建立的亲密无间的师生关系。让我们共享这篇短文，它可以让我们深深体会师德修养的高尚境界换来的“化腐朽为神奇，化失误为财富”的力量。

1994 年 9 月开学不久，便迎来了又一个教师节，学校要求各班利用班会课举行庆祝活动。这天，我吩咐班干部在教室黑板上写了一行大字“教师节——献给老师的礼物！”

班会开始时，我笑着对大家说：“今天是我的节日，所以，我想向同学们索取‘礼物’。”学生们顿时笑了起来，显然是不相信我的话。可我却认真地继续说：“在过去的高二学年里，由于李老师修养不好，再加上工作繁重，所以，我的工作越来越简单急躁，在各方面都存在许多问题。今天，我诚心诚意请同学们对我的工作提出意见。这对我来说，的确是最好不过的礼物啊！”

接着，我又拿出事先买好的钢笔、圆珠笔和铅笔：“为了鼓励和感谢同学们，今天我来个‘有奖征谏’——同学们可不要坐失良机啊！”

同学们又是一阵大笑，气氛开始活跃了。他们见我十分真诚，便也认真思考起来……

开头炮的是黄金涛：“李老师，我们都记得，高一时您和我们没有师生界限，我们甚至可以对您直呼其名；可是到了高二，您越来越爱对我们发脾气，师生之间有了明显的心理距离。希望李老师能恢复高一时亲切的笑容！”

我走下讲台，来到黄金涛的面前，双手递给他一支钢笔：“谢谢你的批评！”班长吴冬妮站了起来：“李老师，上学期班上的运动会的会徽设计，您没征求同学们的意见！”

我略略回忆了那件事的经过，说：“好吧，我接受班长的批评，今后班里的事儿多和大家商量。”说完，我送给她一支圆珠笔。

平时常挨我批评的郭坤仑也发言了：“李老师有时太爱冲动。那次林川用脚狠狠踢教室门当然应该挨批评，但您当时拍着桌子厉声斥责他，写了检讨又请家长，使林川事过很久还感到抬不起头。”

我同时拿起两支圆珠笔，一支递给郭坤仑：“谢谢你的直率！”一支递给林川：“请原谅李老师！”

提意见的学生越来越多了……

下课铃响了，我总结道：“永远感谢同学们！愿在新的一学年，我们九五级一班的全体同学和我这个班主任精诚团结、同舟共济，以共同创造明年七月的辉煌！”

回答我的，是一阵雷鸣般的掌声！

一年后，学生们果然以出色的高考成绩为我班的历史画上了一个完美的叹号。离校之际，学生们来向我告别，他们送我一张同学们签字的尊师卡，我打开一看，里面有黄金涛代表全班写的一句话——

“镇西兄：血脉虽不相连，心灵永远沟通！”

Jiao Shi Zhuan Ye Hua Wu Xiang Xiu Lian

第三章

师智修炼

实现教师专业化有许多基础性条件，如师德基础、知识基础、能力基础、情意基础，这些内容都是教师专业化的必备条件。我们之所以关注教师的知识和认知，是因为它影响着教师对教材的理解，对教学方法的把握，对学生的看法和师生关系。教师知识的丰富性和表达知识的科学性、幽默性，对学生的学习和素质的提高具有重要的作用。而且教师知识的不断丰富和深化，是促进教师自主学习和专业发展的重要途径。

知识是人类认识的成果或结晶，知识包括理论知识和经验知识。大家有一个共识：知识是一种行为的工具，具有实践性和能动性。教师的专业化发展不仅指教师具有高尚的师德和专业伦理，不仅指教师具有专业自主权，更重要的是教师要高度关注专业自主发展以及自己安身立命的条件保障。即要修炼、掌握从教的本领。我们之所以提出教师要修炼师智是因为教师工作是一种专业性很强的工作，需要一定的专业知识作为基础性条件，因此，教师必须加强自主学习，做好知识积累，更新知识结构。作为教师专业发展的知识基础包括哪些呢？对此，中外专家有不少的研究成果，综合其研究成果和我们长期研究的认识，进行如下阐述。

第一节 修炼内容

我们历来主张教师要通过自主专业学习，不断积累专业知识，更新知识结构，提高专业技能，形成专业智慧。教师合理的知识结构是什么样的呢?有研究表明，教师的知识结构基本上由四部分组成：一是教育科学理论知识(教育学、心理学、教学过程论、管理学……)；二是专业理论知识（包括向学生传授的专业知识和本专业的教学理论和数学心理学、数学教学法以及课堂教学主体论……)；三是其他广泛的社会政治、经济、文化、哲学、生命科学等；四是最新科技信息知识和网络知识。教师的知识结构必须是横向的科学文化知识要广博，纵向的专业知识要深邃，形成具有自我学术形象影响力的T形知识结构，并把这种学术形象的影响渗透到学生生活和学习之中，成为学生崇拜的“学术偶像”。

如前所述，专业知识是教师教育教学行为的工具，具有实践性、能动性的特点。教师的专业化水平提高，不仅指教师观念的更新、行为的规范化和教师专业自主性的提高，也表现在教师专业知识的不断丰富。教师工作是专业性很强的工作，需要有丰富的专业知识做基础，有学者认为，这种专业知识由“专业理论知识”和“实践性理论知识”组成，而且其内涵也极为丰富，下面分别加以阐述。

一、扎实的专业理论知识

如上所述，教师的专业理论知识水平，是教师专业化的基础和重要指标。教师一定要结合自己所教学科、学生的具体情况和自己理论修养方面的不足，有选择地攻读几本教育科学理论的专著。应当使自己逐步掌握课堂教学主体理论、课堂教学组织理论、课堂教学过程理论、课堂教学方法理论、学科德育理论等相关理论知识，以便把握课堂教育教学的规律，选择科学的教育教学方法，真正做到按教育规律实施教育教学。特别是要掌握青少年心理学知识，掌握学生的思维规律、兴趣爱好的多样性和不稳定性等特点，在课堂教学中发展学生创造性思维品质，提高学生的非智力因素。

比如，对激励理论学习，可以有效地帮助教师在教学中调动学习主体的积极性。激励理论很多，广大教师经常使用的有“期望理论”“公平理论”“需要的层次理论”和“双因素理论”。这些理论对调动学生的学习积极性都有很大的作用。

“期望理论”是美国学者弗鲁姆提出的调动人的积极性的理论。其主要内容是强调激励必须掌握人的行为选择过程：一个人选定了一个目标后，为了实现它，就会采取积极行动。这个理论可以用公式表示为：激励力量＝效价×期望。激励力量是指激发人的内部潜力，能使人的积极性高涨；效价则是期望目标达到对满足人需要的价值；期望说的是期望目标实现的可能性大小。显然，这个理论揭示了目标对学生的积极性的激励作用。要使目标对人产生强大的激励力，既要使目标对学生有追求的价值（促进学生素质可持续发展），又要使目标的实现具有挑战性。目标太高，怎么努力也实现不了，其价值也就不存在了；目标太低则没有激励作用。下面用发生在企业的一个例子加以说明。

英国某空调公司生产一直处于低迷状态。一天，总经理查尔斯·史考勃走进工厂，问一位工人说：“请问，你们这一班今天制造了几部空调?”“6部。”工人答道。总经理没再说话，只是拿了一支粉笔在地板上写下一个大大的阿拉伯数字“6”，然后转身离开了车间。夜班工人接班时，看到了那个“6”字，明白了老总的用意，交班时就把地板上的“6”字改写成了“7”字。日班工人接班时当然看到了那个很大的“7”字，于是他们决定要给夜班工人颜色看看，发愤抓紧干活，他们下班，又把地板上的“7”字改成了颇具示威性的特大的“10”字。不久，空调公司顿现生机，重振雄风。

这个公司之所以能重振雄风，其奥秘在于总经理善于激发工人们的竞争意识和积极性、创造性，使他们主动工作，乐于竞争。同样，在我们的教育教学中，学生的成长同样需要激励。秋瑾说：“水激石则鸣，人激志则宏。”美国心理学家威廉·詹姆士研究发现，一个没有受到激励的人，仅能发挥其能力的20％～30％；而当他受到激励时，其能力可以发挥至80％～90％。可是，在现实工作中，很多教师坚信“严管”的力量，认为“严师出高徒”，这当然没错，但是，更应坚信“教师教学的艺术在于激励、唤醒和鼓舞”。

“需要层次理论”认为人的行为都是在一定需要的刺激下产生的。人的需要又是由自然需要、社会需要、精神需要构成的，是有层次的。一般认为，人的需要从低级向高级包括三个层次：生理需要，自我（心理）需要，社会（心理）需要。美国心理学家马斯洛提出的“需要层次理论”，把人的需要归纳为五大层次，由低到高排列分别是生理需要、安全需要、归属需要、尊重需要和自我实现需要。

人的需要还具有两重性、选择性等特点。学生的需要也不是千篇一律的，而是有明显的个体差异的。有的学生社交需要特别强烈，渴望得到老师和同学的信赖、支持和友谊；有的学生求知的需要特别强烈，渴望有良好的学习环境和希望自己的老师具有渊博的知识和丰富的教学经验；有的学生自尊和自我实现的需要特别强烈和持久……当然，也有的学生因受社会和家庭的影响物质需要比较强，厌学、逃学，甚至弃学经商。

不管学生选择哪种需要，都需要教师及时的教育引导和激励，否则不仅会影响学生的积极性和创造性，而且还会使学生产生不必要的心理障碍。教师应该善于进行有效的激励，帮助学生选择正确的需要，发展高层次的需要。

教师必须研究学生需要的特点，才能自觉地按照人的需要规律采取激励策略，调动学生的积极性。

杨舰波老师拿着一摞试卷，兴冲冲地来到教室。“这次考试同学们考得都不错，有 12 个同学还得了满分！下面我来分发试卷。”同学们个个瞪着大眼，充满着期待。

“哪些同学得了 100 分？”顿时 12 只小手高高地举了起来。四下里，羡慕的眼神如蜂飞蝶舞般被吸引了过来。杨老师没有当众点出那 12 位同学的名字，他是想让学生们用自己的方式展示收获的喜悦，因为那张不同寻常的试卷。

“其实，我们班还有第十三个 100 分，它的主人聪明、勤奋而又心地纯洁，你们能找一找她是谁吗？”

教室里沸腾了，讲台下猜测声不断。

“老师，晓雨的试卷您忘了判一道题，她那道题明显错了。”晓雨的同桌怯生生地说。

教室里安静下来，晓雨满脸通红，坐在那里一声不吭。

“你能说说她错在哪儿吗？”杨老师问。

“就是那道连线题：5 克应该和一支铅笔相连，可她却把一块砖头连到了 5 克那里，而把一支铅笔与 5 斤相连。您没有给这一道题打错，也没有给她算总分。”“是这样，是错了。”四周的七八个脑袋凑了过去。她就是班上的第十三个 100 分吗？大家的脸上写满了疑惑。

“晓雨是个优秀的学生，成绩一向不错，按理说她不应该出这样的错。阅卷时，我曾找她问了问原因。她的回答让我收获了一份感动。”

原来，晓雨从小就失去了母亲，父亲带着她辛苦地生活。父亲是个农民，闲暇时就到附近的建筑工地搬运砖头。看着父亲日渐苍老的面容和长满老茧的双手，晓雨非常难过。做这道题时，她希望砖头变成5克，父亲干的活就轻了。杨老师把晓雨的故事一讲，同学们都说，晓雨那颗爱心应该打100分。

这时杨老师走下讲台，小心地拿起晓雨的试卷，在上边认真地补上了一个大大的100分！

教室里响起了热烈的掌声。

杨老师没有按标准答案决定对错，打出分数。晓雨的低级错误引起了他的注意，立即问明了原因，不仅自己收获了一份感动，而且成了施教的活生生的教材。教师怀着激动的心情讲给学生听，在学生中引起了强烈的震撼。

这哪里是一堂试卷分析课，分明是一堂生动的思想品德教育课。不仅激励了晓雨，也感染了大家。无限的师爱蕴涵其中，无比的智慧充溢其中。使孩子们不仅懂得了好好学习，更懂得要做孝敬父母的好孩子。

“公平理论”也是教师调动学生积极性的常用理论。它强调的是教师处理学生的问题一定要公平公正。在教育教学中，学生的不公平感时有发生，主要是由学生获得的学习机会（提问）、教师的评价以及教师情感态度的不公平而产生的。不公平会压抑一大批学生的积极性和创造性个性品质的发挥。教师要主动学习和运用“公平理论”，以便充分调动学生的积极性。

激励理论中还有个著名的理论，那就是“双因素理论”。美国著名心理学家赫兹伯格认为使人产生满意感和不满意感的原因，取决于两种因素，即“保健因素”和“激励因素”。前者是环境因素，他认为环境条件的改善能够消除人的不满情绪，但不一定使人感到非常满意，因此，激励作用是有限的，故称“保健因素”。而“激励因素”才是人在工作、学习中感到非常满意的因素，主要表现在激励可以使学生在工作与学习上富有成就感。作为好教师就是要善于利用“激励性因素”调动学生学习的积极性、主动性和创造性。

开学了，按照惯例要给孩子们排座位。班级人数49，这就意味着有一名学生要单独坐。安排谁合适呢？宁海侠老师的目光在孩子们身上搜索着。对，张彤，学习认真，听话懂事，不管坐在哪儿都让人放心。

大约过了两个星期，张彤对宁老师说：“我不想一个人坐。”“为什么呀？”宁老师奇怪地问。张彤低着头，没有出声，看得出她很难过。宁老师拉过她的手，耐心地说：“班里必须有一名学生单坐，老师信任你，才安排你的。”“老师，我知道，可是我一个人难受。平时没有人和我讨论问题，没有人和我互背课文。上音乐课，老师让同学互相拍打节奏，我只好对墙拍。”说着说着，张彤哭了起来。本来认为自己考虑得很周到，其实最重要的是孩子的感受被忽略了。宁老师负疚地替她擦干眼泪：“对不起，老师太粗心了，以后这种情况不会再出现。”

张彤有了同位，另外一个同学就要单独坐，该怎么办呢？宁老师苦苦思索着对策。

第二天，宁老师把张彤的课桌从最后一排调到教室的最前排，郑重对学生宣布：“法庭上最高法官叫首席法官，乐队里最好的乐手叫首席乐手。这张桌子在最前排，老师给它命名‘首席座位’。谁表现出色，谁就有资格坐到这儿，享有和老师一起读课文、讨论问题的待遇。张彤同学品学兼优，是不是应该成为‘首席座位’的第一主人？”“应该！”全班同学异口同声响亮地答道。

在同学们羡慕的目光下，张彤带着灿烂的微笑坐到“首席座位”上。后来“首席座位”成了全班同学最向往的地方，也成了宁老师调动孩子们积极性的“法宝”。半学期下来，几乎每个学生都单独坐过这个座位，但他们感受到的是自豪和快乐，而不是孤独和自卑。

教师的言行影响孩子的情绪、孩子的心灵。只有把注重孩子的心理感受作为教育教学工作的前提，才能真正达到激励教育的目的。让我们每个教师在行使权力的时候，多一些细心，多一些思考，使每个生命因享受师爱而快乐。

二、丰富的实践性理论知识

教师劳动具有不确定性和情境性的特点。所教学生一年一变，而且都是个性不同、成长环境不同的活生生的生命体，这就需要教师针对学生的特点和随时变化的教育情境作出灵活的应变决策。这就对教师专业化素质提出了更高的要求。教师的专业化建设和专业化发展也更注重于在教学情境中，通过实践，积累经验，形成教师自己具有个性特点的实践性专业理论知识。

实践性专业理论知识不等于“实践＋理论”模式的翻版或简单叠加。哲学上常讲“实践出真知”，指理论来源于实践；而理论指导实践，则指从实践中来的理论又去指导新的实践。教育理论不管有多大魅力，无非是经过系统组织的用于解释教育现象的知识。

一名专业化的教师，不但需要博览群书，掌握渊博的本专业的专业理论知识以及拥有饱满的工作热情，还需要有充足的实践经验，这种经验在初始阶段往往是只可意会、难以言说的隐性知识，只有通过认真的反思、提炼才可以逐步达到用文字将其归纳出来，形成“理论”的目的。这种理论来源于教师的教育教学实践，故称之为“实践性理论知识”，具有鲜明的个性特征。这种由隐性的经验变为显性的理论的过程，正是教师走向专业化的过程。

“实践性理论知识”，是在实践上知道怎么做的知识类型和推理形式。它不等同于任何脱离教师主体而存在的“专业理论知识”。大略地讲，实践性理论知识具有以下三个特点：

（一）动态生成性

教师教育教学的工作对象——学生，随时随地都在发生着变化，这就需要教师具有随机应变的技能，也需要在事情处理的过程中以及事后对自己教育行为的反思中，不断地生成和提升这种技能。因而，教师的实践性理论知识永远处在发展、生成的过程中，无固定形态，也没有一定的标准。

（二）缄默性

教师的实践性理论知识，往往表现为教师面对特定情境瞬间的直觉反应。所以，从某种意义上，教师的实践理论知识是不可名状的。这种不可言说的特点使实践性理论知识的形成更多的是靠领悟、“我思”、内生，而非外炼。一般情况，教师经过多年教育教学实践会积累许多经验，而这种经验的初期多是处于缄默状态。只有教师对这些经验进行反思，寻找到原因和成功的做法，并将其记录下来，才能变成用文字表述的“显性理论知识”。这种由隐性的经验变为显性的知识的过程就是教师专业化的过程。

（三）独特性

不同的教师由于年龄、成长经历、生活背景的差异，加上个人的思维方式、行为特征不同，往往形成的实践理论知识也会极具个性特征。同样是一个学生上课打瞌睡，有的教师会边讲课边走到学生身边，摸摸他的头，让他清醒过来：有的则会请该学生站起来回答问题，让他振奋起来。

由此看来，要增进实践性理论知识，就不能像传递专业性理论知识一样，靠专家讲座和教导等方式来进行，而是由教师积累经验，反思原因，归纳成功的方法而生成的。既然这种智慧是动态生成的，它就不是预先存在的，因而不是可以直接从外向内传递的；既然它是缄默的，它就具有不可言说性，因而传递也无从谈起；既然它独特地存在于个体，它就是与个人的性格等内在天性融于一体的，因而也是很难从外部直接输入的。所有这些都表明，反思是增长教师“实践性理论知识”不可或缺的一种方式。

所谓反思，是指行为主体立足于自我以外，批判地考察自己的行为及其情景的能力。教师的反思是指教师在课堂教学和管理中，以自我行为表现及其结果为研究对象，解析和修正，进而不断提高自身教育效能和素养的过程。教师通过反思，可以从日常的、司空见惯的教育教学活动和突发事件中发现问题，揭示惯常行为背后所隐藏的心照不宣的东西，并能够有针对性地进行质疑、批判，打开新的思考维度和新的探寻方向，从而作出正确的行动选择，形成自己独有的实践性理论知识。

李镇西、窦桂梅等许多优秀教师专业成长的过程无一不是如此。万玮老师是近几年涌现出的成长最快的教师之一，他的成长就是他善于将自己班主任工作中的丰富经验，进行反思和梳理。

实践也证明，哪位老师善于在实践中反思、归纳，哪位老师专业成长的步伐就越大，距离专业化的标准就会越来越近。有这样一个典型的例子足以说明这个道理。

婷和芳是同时分配到某中学任教的女教师。婷来自美丽的江南，有着江南女子的秀丽。不知是婷在着装方面比较讲究，还是本身身材条件的优势，很普通的衣服穿在她的身上总给人恰到好处的感觉。芳来自北方，或许是多食面食的缘故，尽管她的五官很端正，但总给人一种营养过剩的强壮之感。在着装方面，芳还给人以不修边幅的印象。

婷和芳同在一个办公室，同时担任初一年级的班主任。起初，婷被安排教两个年级的政治。校领导第一次听课，感觉挺满意的，于是，婷一年的工作就被固定了下来。芳被安排教两个班的英语。但在新教师汇报课上，听课的领导说芳语速过快，发音不够准确，总之，对芳的工作很不放心。很自然地，芳被改为教一个班的英语。

后来的日子里，婷都是轻轻松松地上课、管理班级，很少见她为班上的学生烦恼，似乎根本不存在调皮的学生。她所带的班级也秩序井然，各科任教师都反映到她班上课很舒服，很愉快。婷在任教的第一年里就参加了县里的政治优质课竞赛，还获得了较好的成绩。

芳则恰好相反。在办公室里，你总能看到她或者在认真地听着教学录音带，一遍遍地跟着录音带朗读，矫正发音；或者在抱着英文书籍认真阅读；或者看一些教育教学理论书籍；或者就她教学和班级管理方面的问题向有经验的教师请教……

第一学期结束时，婷所带的班级量化总分位居年级榜首，而芳所带的班级是最后一名。于是，婷在所有老教师眼中成了个谜，也没见她在班级管理上下什么功夫，为什么却能将一个班级管理得这样好？是她天生适合当教师？还是她的美丽在无形中发挥着“亲其师，信其道”的作用？

婷和芳的表现和成绩让办公室的教师很是好奇，简直就是真实版的龟兔赛跑。当然，婷被认为是那只跑得快的兔子。

第二学期，婷还是轻轻松松地上着课。她的课一般在下午，上午，常见她坐在办公室唯一的一台电脑前，听听歌，或是准备上课的资料。课间依然很少见她找学生谈话，办公室教师闲聊的时候，她总能适时地发表自己的见解，的确不同凡响。

芳还是认真地听着录音带，练着口语和听力，看着英文书籍。她在办公室依然是很少言语，只是频繁地找学生个别谈话，常与家长进行面谈，还利用周末休息时间到学生家里走访，有时甚至步行很远的山路。

后来，年级组长安排婷写一篇《我心目中的教研员》的文章，婷以懒得写为由，推掉了。年级组长又安排芳写，芳洋洋洒洒很快就完成了。据说，文章不仅文笔不错，而且对教研室的工作改进很有价值。再后来，同事有问题向芳请教，芳都让同事满意而去。于是，同事们对芳刮目相看。

再后来，大家说尽管在芳的班上课，感觉依然累，但她班上的学生课堂参与度高，都能大胆地发表自己的意见，能感觉到每个学生都在努力。

那一年县里的期末统考，芳的班级量化总分明显要好于婷的班。芳所教的班级的英语成绩甚至可以和有经验的英语教师担任的班级相提并论了。同事们都对芳表示祝贺。

在实行流水阅卷的时候。由于婷的疏忽，漏批了部分试卷，导致婷所教的整个年级的学科在县里的整体排名很糟，婷的工资被扣了很多。那一年，学校整个年级的成绩在县里的排名也很差，全年级的教师都被扣了工资。有人说，就算婷不疏忽，也许同样是这样的结果。

那段日子，婷很沉默。

第二年，婷和一同事确定了恋爱关系。芳到北京买了很多的书，说是决定考研。

渐渐地，婷无意间流露出对工作、前途、生活的消极，让同事很是吃惊。花样年华的女孩子，怎会有看破红尘的感觉？芳依然衣着朴素，依然常手捧书本。

婷说，人有两种：一种人聪明而不勤奋，一种人不聪明但勤奋。婷说自己属于第一种。芳说，很多事，结果并不重要，努力的过程本身就是快乐的。

两个教师的故事仍在继续。笔者却在想，或许乌龟比兔子更适合当教师。

三、丰厚的人文知识

一位专业化的教师的知识结构，其突出特点是人文科学知识的渊博，应该对哲学、文学、史学、美学、政治学、伦理学……都有广泛的涉猎。学科专业知识、教育专业理论知识培育了他们科学求真的精神，人文知识则孕育了他们的人文精神。人文科学知识有助于教师认识学生、理解学生、尊重学生，帮助他们认识社会，把握社会发展趋势。人文知识是教师人文素养的外在基础，要想提高人文素养就必须拥有上面提到的这些知识并将其内化为对学生的精神关怀、对人的价值的尊重、对人的生命的敬畏、对人之尊严的珍视。真正专业化的教师就在于实现了人文知识的内化，在教育教学中，表现出既重视科学知识的传授，培养学生的求真精神，又重视学生人文知识的学习，引导学生求善、求美。教师人文精神的突出特点是尊重学生人格，尊重学生个性发展。

曹中原老师在谈到教师的素质时说，教师的首要素质是其对学生的人文关怀，它包含了教师对学生（不分好生、差生，不分贫富贵贱）的尊重、理解与期待。其实这也是教师的一种高尚情感，这种情感是“师者父母心”的体现，是为人师者受人敬重的地方。教师如果具备了这种职业素养，就会把学生看成“正在成长的生命”，就能感受到责任的重大和使命的光荣。

人文素养是指由知识、能力、观念、情感、意志等多种因素构成的一个人的内在品质，表现为一个人的人格、气质、修养。人文素养教育是人类优秀的文化成果通过知识传授、环境熏陶以及自身实践，内化为人格、气质、修养的结果。

一所乡村小学好不容易请到了一位省特级教师来上一节公开课。学校里的老师都没有见识过特级教师，有的对特级教师不以为然，有的认为特级教师是凭关系、熬教龄评上的……

特级教师来了，没想到竟是一位年轻美丽的女老师。特级教师说，上课时她将随便走进一间教室上课。谁也没想到，她走进的恰恰是一个全校闻名的后进班。

讲台上乱七八糟地散落着粉笔，桌面铺着一层厚厚的粉笔灰。特级教师用目光扫视一周后，迅速收拾好桌上的粉笔，然后走下讲台，绕到前面，背对着学生，面对着黑板，轻轻吹去桌上的粉笔灰。片刻的鸦雀无声后，教室里响起一片掌声，所有观摩教师和学生用掌声给她的“开场白”打了最高分。

课上她出了几道题让学生做，然后讲解了这几道题的做法。讲完之后，她说了一句：“请做对的同学扬一扬眉毛，暂时没做好的同学笑一笑。”

此刻，所有的老师似乎都明白了什么样的教师才是特级教师。

读完这个故事，很感动，也深受启发。尽管特级教师向我们展示的是一节平常得不能再平常、朴实得不能再朴实的课了，然而所有在场听课的教师和学生都被她的人格魅力和教学行为所感动。

目前的课堂教学中存在着一种唯科学主义倾向，重科技、轻人文的现象有所抬头，新课程改革的“三维目标”把科学与人文密切地联系起来，但是在实际教学过程中却有不少教师忽视了“情感、态度、价值观”的培养，不仅影响了素质教育的发展，也影响了教师素质的全面提升，给我们的教育造成沉重的代价。只有科学与人文的密切结合，才能展示人与人、人与自然、人与社会的和谐统一，才能实现人的全面素质的和谐发展和教育对真善美目标的追求。

因此，教师要高度重视继承与发展我国传统文化中的“和合”理论知识，坚持“和而不同”的理念，构建和谐人际关系，保障教师之间和谐共赢、师生之间和谐发展。教师要尊重学生人格，满足学生合理的物质与精神需要，宽容学生所犯的错误，保护学生的自尊，对学生进行全面的人文关怀。

第二节　修炼方法

阿基米德曾说："假如给我一根杠杆，我就会撬动整个地球。"这种夸张式的说理，却蕴涵着深刻的道理：如果一个人没有"撬动地球"的自信和勇气，如果没有找到用一根杠杆"撬动地球"的智慧和手段，那么，在很多事上，是很难取得最终的成功。

对于教师的专业成长，又何尝不是如此呢？一些教师正是缺乏"撬动地球"的自信、勇气和方法，日复一日，月复一月，疲惫着自己，痛苦着学生。

那么，作为一线教师，怎样在教学实践中，为自己的成长和成功，找一根有力的"杠杆"呢？河南省西峡县丹水镇中心学校的胡明珍老师撰写过一篇文章，题目是《给自己一根"杠杆"》，现录后以飨读者。

> 首先，教师一定要学会自己"逼"自己。学习、反思以及专业写作，是教师自我成长之路，可以这样说，只有反思才能改变行为，只有创新才能成就未来。作为教学工作，它并不是教师谋生的一种"手段"，而应是成就自己梦想的最佳途径。但在现实中，懒惰与享乐，是成长和上进的潜在威胁；繁忙和繁琐，是许多教师无法静心学习、潜心研究的"借口"。其实，如果下定决心，学会逼自己——逼自己读书，逼自己写反思日记，逼自己创造一切机会来改进自己教学中的缺点，解决教学中的突出问题，只有在这种自己逼自己中，才有所得，才有所获，才会在不知不觉中自我改变。
>
> 其次，教师一定要学会自己"磨"自己。磨中增耐性，磨中出

悟性，磨中长才干。只有自己磨自己，一个人才能扔掉自己的不足，经营自己，建构起属于自己不断成长的“心灵磨坊”，打造属于自己长足发展的精神“特区”。对于教师来说，磨好一节课，磨好一篇论文，磨好一次板书，磨好一副口才……“十年磨一剑”，在磨中才能在教育教学中得心应手，并逐渐地形成自己的教学风格。

第三，教师一定要学会自己“量”自己。每个人都有自己的特长和不足，只有扬长补短，才能找到适合自己的成才与成功之路。这就需要教师要学会量自己的长处与短处，量自己的优势与劣势，量自己的坚定与怯懦。俗话说，量体才能裁衣。只有自己量准自己了，才能对症下药，才能瞄准目标，才能少走弯路。有句名言说得好：“每个人都是被上帝咬过的苹果，都是有缺陷的。只不过有的苹果格外香甜，上帝就多咬一口。”确实是这样。即使面对“上帝多咬一口”的缺陷，也无须自卑。就拿微软公司总裁比尔·盖茨来说吧，他的最高文凭是“中学”，他没有读完大学就去经营他的电脑公司去了。他摒弃自己不擅长的“繁杂的综合学科”，却善于发现自己并果断经营自己的长处且取得了辉煌事业。在人生坐标系中，如果一个人不经营自己的长处——拥有一技之长，发展一技之长，并且保持浓郁兴趣，就恰恰会在自己“长处”的阴影中一事无成。

第四，教师一定要学会自己“疑”自己。要善于怀疑自己以前的习惯和行为；要勇于怀疑自己信奉的“专家”与权威，要勇于怀疑自己的假性提高与表面成长。古人云：“学者先要会疑，小疑则小进，大疑则大进。”虚心好学，善于怀疑，勤于发问，只有这样，你才会愈学愈多；兴趣和快乐，也会一点点形成与增长，自己也会找到和发挥出自己潜在的力量来。

记得美国钢铁大王卡耐基曾经说过这样一句名言：“播下一个

行动，你就收获一种习惯；播下一种习惯，你就收获一种性格；播下一种性格，你就收获一种命运。”每一位教师的起点虽然各不相同，但是，行动由自己控制，习惯由自己改善，命运由自己把握。作为一线“很苦很累”的教师，如果能够找到一根撬动自己成功的“杠杆”，那么，这些苦和这些累，就会化做生命的另一种芬芳，永远滋润和飘香在自己和孩子们的心田。

该文告诉我们一个简单，做起来又不大容易的道理：要实现自主专业成长，主要是靠自己的主观努力，要确立专业自我意识，坚持自我修炼。

一、确立良好的专业意识

教师专业自我意识就是教师本人对教育情境中自己专业现状的总体认识、评价和期望。教师是一种高自律性的职业。教师专业自我意识对专业发展具有明显的制约作用。在内容维度上，它包括教师在专业精神、教育理念、专业知识、专业能力和专业智慧等方面的自我意识；在时间维度上，包括分别对自己过去、现在和未来专业发展的过程意识、状态意识和规划意识。如何认识教师专业和专业发展，决定着教师个人现实的教育行为和未来专业发展的目标和境界。过低或过高的专业自我意识，都会阻碍教师的专业发展。比如，如果教师认为教育教学是一个安稳、缺乏挑战的职业，是一种日复一日、年复一年的重复性工作，那么，20 年教龄或许就是他一年工作的 20 次重复。而过度高估、过分自负以至虚妄的专业自我，又会导致盲目自尊而藐视专业理论、轻视他人经验，或者对自己提出难以企及的目标，一旦失败便自我怀疑，甚至失去对事业的憧憬和追求专业发展的信心。教师确立良好的专业意识，就是要保持谦虚谨慎、积极上进的态度，不断总结经验，超越自我，逐步达到高水平的专业境界。

二、制订专业发展的自我规划

专业发展规划就是教师本人为自己的专业发展设计的一个蓝图，为引导、监控和反思自身专业发展提供一个参照框架。为此，教师首先要了解教师专业发展的阶段性理论，然后对照自我，认清自己的发展位置，预期自己的发展方向，确立专业发展目标，制订发展计划，使自己的专业发展在专业认知的掌控之下有序地展开。此外，还要经常检测自己的专业发展进程和发展水平，适时调整发展计划。具体而言，制订专业发展计划时教师需要进行以下工作：

（一）自我分析

全面认识自己的能力、兴趣、优势及劣势，把自己专业素养中的薄弱环节找出来。

（二）环境分析

分析环境背景，明确专业发展趋势，把握专业发展的大方向，将自己的发展与学生、学校、社会的需求结合起来。

（三）确立目标

形成专业发展愿景，列出优先发展领域、长期与短期目标等。

（四）拟定专业发展路径，设计行动方案

专业实践是教师专业发展的基础，也是专业理论或理念的源泉。其实教师无需远求，只要善于反思、探究、学习、合作，在日常教育教学活动过程中做专业发展的有心人，就能够不断提升自己的专业水平。纵观教育史上古今中外的教育名家大师，从孔子、柏拉图，到蔡元培、陶行知和小原国芳、苏霍姆林斯基，再到当代教坛名师李吉林、于漪、钱梦龙、魏书生、李镇西

等，无不是立足于自己的专业实践而成长起来的。在当今高新技术时代，我们还可以探索更多更新的发展途径和发展平台。

三、在听课、“学课”中成长

（一）听课、“学课”，教师专业成长的起跑点

新课程改革使教师的专业发展更加迫切，要求也更高了。教师由于自身的优势和特点，其个体成长与专业发展尤其引人注目。实践表明，教师实现自主专业发展的途径很多，而向同事们“学习怎样上课”（以下简称“学课”）是实现教师专业成长的重要捷径。

“学课”，就是指通过听课学习别人如何把握教学规律，如何选择教学方法，如何运用教材，如何突破难点，如何根据学生年龄特点和认知规律调动学生主动参与学习的积极性，如何开展研究性学习，如何处理课堂上出现的偶发事件……特别是要经常听一些优秀教师的优质课或有一定长处、亮点的课，旨在提高自身的课堂教学能力和学术造诣，在探索中推进专业发展，在发展中成就美丽事业。

除了听本校教师的课之外，还有许多可听的课、可学习的机会。就听课的课源来看，可分为现实课堂、视频课堂、影碟课堂和空中课堂等；就听课的对象来看，可分为教学新秀的课、优秀教师的课、骨干教师的课、名师的课、学科带头人的课和教学专家的课等；就听课的性质来看，可分为研究课、公开课、示范课和竞赛课等。不管何种类型的课，“学课”的本质是学习借鉴，学习的内容是亮点优点。

一般来说，真实的课堂能拉近教者与听者的距离，有利于教师互动交流、课后请教，在近距离彼此情感渗透的基础上，增强“学课”体验，实现“学课”目的。如果我们能带着问题听，听课后又能主动向授课者请教、探讨一些问题，一定会有更大的收获。虚设的课堂即各类音视频课堂，虽无现实课堂那样逼真，那样交融，那样感受深刻，但虚设的课堂却能跨越时空不

受阻碍，显示出极大的兼容性和极强的灵活性，可以使我们教师随时随地自由“学课”，而且可以学到不同地域优秀教师的先进教学理念、别具一格的课堂结构、独具个性特征的教学风格以及教学内容的优化策略、教学细节和疑难之处的点拨智慧、独具特色的教学艺术。教师应根据自身教学的现状和内在需求，加以选择，需要什么就学什么，取长补短，侧重而学。然后融会贯通，创新运用。

教学实践中，“学课”在各地校园正蔚然成风，如火如荼，日益以其较强的针对性、形象性和实效性而深受教师的认可和推崇，并产生积极的影响和作用，有效地推动教师整体专业水平的提高。

需要提醒的是，教师要根据自己教学中存在的问题和专业水平的现状有选择地听课、“学课”，以提高“学课”的实效性。教师“学课”，一定要在听课前进行备课，带着问题或目的而来的，要么通过“学课”解决心中的疑难困惑，要么通过“学课”达成心中的愿望与意图。也可以把自己备课的思路与之进行比较，分析优劣，这样学起来才有针对性。“学课”后尽量争取与共同“学课”的教师进行沟通交流，谈体会和收获。如果对某些不同看法进行讨论，收获会更大。这里建议大家“学课”要坚持写听课小结，并尽可能写得详细具体，这些“学课”教师心中先是有数，然后才是有备“学课”，不绕圈子，直奔“主题”。

（二）听课、“学课”——年轻教师专业成长的第一课

年轻教师专业成长的途径很多，但“学课”则是其专业成长的起点。听课、“学课”形象性强，感知性强，易于年轻教师把握和效仿。它不仅有教学情节的生成、课堂图景的直观，更有教育理念的蕴涵、课堂理念的闪现，它不是纯粹的纸上谈兵，而是在课堂上亲历实践，也是对年轻教师培训的有效形式。

年轻教师听课、“学课”，符合自身经历短、阅历少、经验缺、重感知的特点。很多刚走上三尺讲台的教师由于对课堂不熟悉，缺乏基本的课堂入门

“套路”，急于找到进入“课堂”的门路。而听课、“学课”恰能让他们在短时间内速成其求，学到授课的一些基本框框和套路，虽不够成熟，却有“法”可依，有“瓢”可画，比起那无序的课堂应是好多了。难怪老师们常说，学习别人的优质课，实效性特别强。

年轻教师按照成长的规律，听课、“学课”的历程和专业成长大致可分为三个阶段或三种境界：

模仿——入格阶段。即年轻教师通过“学课”，在“榜样”的引领下，逐步学会优秀课例的一些基本程式、基本框架、基本理念等。然后在自己的课堂教学中也这样去做，于是，年轻教师就能迅速进入“课堂角色”。

化用——合格阶段。年轻教师在“仿教”的基础上，继续“学课”，继续打造，经过自身感悟，自身反思，从而转化吸收，活学活用，让学习过的优质课例内化为自己的常态课质，让别人的智慧点燃自己的灵光。如此，年轻教师就进入了“合格的课堂教学之境”。

创新——出格阶段。就是年轻教师在不断的“学课”和执著的摸爬滚打中，善于积累，善于思辨，善于博采众长，并结合自身的教改探索之路创特色课堂，成一家之“课”，呈现课改理念之新，引领时代教学之先。此时，年轻教师既走出了“别人”，也走出了“自己”，进入了“出格的课堂教学之境”，即“无格之境”——课堂教学的最高境界。

（参考文献：王春雁，《学课年轻教师专业成长的出发点》，《师道》2009年3期）

四、积累、升华经验

教师要善于在自己的教育教学的经历中积累、总结出富有价值的经验，这样会有更多的机遇尽快实现专业成长。

经验是由实践得来的知识或技能，是由教师的亲身经历和体验而取得的。辩证唯物主义认为，经验是客观事物在人们头脑中的反映，是认识的开端。但经验有待于深化，有待于上升到理论。

丰富的教育教学经历是教师的宝贵财富，很多感悟需要经过亲身体验才能获得，但是经历并不等于经验。必须明确经验不是所有经历过的事情，而是在经历、体验中对有价值东西的抽象、升华和概括。经验有直接经验和间接经验之分。直接经验，就是经过自身的实践证明是行之有效的方式方法。间接经验，就是通过看书学习或向他人学习而获得的，在实践中证明也是行之有效的方式方法。由于主客观条件的限制，每个人都不可能事事亲历亲为，大量的知识是从别人那里学来的。

直接经验和间接经验是“源”和“流”的关系。从源泉上说，一切真知都来源于实践，都是人们亲自实践获得的。间接经验虽然不是自己亲自实践获得的，但它归根到底也是源于别人的实践。人们通过实践获得的知识，对自己来说是直接经验，对他人来说则是间接经验。

直接经验和间接经验，两者合二为一，再通过自己在实践中的不断丰富完善，总结、抽象、升华和概括，就变成了有价值的具有自己个性特征的“实践性理论知识”。这个过程也是教师参与教育文化创造的过程。什么叫有价值的经验呢？有价值的经验应具有如下特点：

第一，理念的先进性。即以现行的新课程标准及现代教育教学理论作为教育教学行为的指导思想。

第二，操作手段、方法的先进性。即教育教学的工具是先进的，成效显著。如多媒体介入等；组织学习的方式方法是先进的，如“自主、合作、探究”学习方式的实施，进行综合性学习和社会实践等。

第三，省时高效。凡是能够取得“省时高效”教育教学效果的东西都应视为有价值的经验。

总结经验的目的是为了解决问题，并将只可意会难以言传的经验，力争通过反思、归纳、提炼，用文字表述出来，使隐性的经验变为显性的知识——“实践性理论知识”。总结经验应注意以下几点：

（一）积累总结经验的关键是提高问题意识

努力摸索和掌握有价值经验的初衷主要是为了解决问题。因此，能不能从纷繁复杂的变化中，迅速地找到值得关注的现象，并从现象中抽象出具体的问题，就成为体现专业能力的第一要义。不能把现象和问题混为一谈，比如，在整体教学成绩出现比较大的下降时，人们认为这是一个非常严重的问题，但是，实际上这只是一个现象或者说是过程，产生这种现象或过程的问题可能来自诸多方面，如班风不正、教学方法不当、教学过程管理不严格、学习习惯不良、学习环境变化、学生转入转出变动等。

在确定了问题的集合之后，需要进一步完成分类和排序的工作。因为只有确定了造成问题的一连串的因果关系，才可能有针对性地研究解决问题的方法。

如果要改变落后的局面，就必须使工作有明确的问题指向——具体回答每一项工作到底要完成什么，要改变什么，要解决什么……因此，在开展工作的最初阶段能不能明确工作的实质，能不能设计出更有效的方法，在很大程度上决定了工作最终能够产生的价值。在这里，对有价值经验的提炼更多地体现在对时机、条件、环境、曾经的挫折、可能的变化等一种预先的估计和判断。

一个人，只有当他能够预先对可能的问题和变化作出判断，并准备好对策的时候；只有当他能够把曾经的经验和教训转化成为下一次工作中的对策的时候，人们才能够真切地看到他的有价值的经验。

（二）积累总结经验，目的是为了提高专业能力

一个人能不能从经验中迅速地提炼出有价值的经验，并应用这种有价值的经验使自己的思考和实践更富有价值，决定了这个人的成长是否更快、进步的幅度是否更大。

那么如何在教育教学中积累、总结有价值的经验呢？关键是要养成以下良好的习惯。

1. 养成记录相关信息的习惯

魏书生曾说：“创新必须建立在量的积累上，必须付出汗水和艰辛的劳动。”抓住每一个一闪即逝的好念头，记录每一个令我们感兴趣的教育教学

理念和案例……具体说就是：记录每一次成功的经验——这节课成功地突破了教学难点，使问题迎刃而解；这节课灵活地利用了教学机智，化解了突如其来的“意外”和“尴尬”……记录每一次失败的教训——某个知识点讲解不够透彻，造成学生的困惑；某个生僻字读音不准，引起课堂的骚动……记录每一次学生完成课业的问题——作业、考试中的知识点张冠李戴，答题没切中要害，有许多错别字……记录每一次学生的疑问和教师的疑问——有些学生提出的问题是自己从未考虑或者说是干脆不知道的。

2. 养成对资料进行分类、分析并撰写随笔的习惯

分类研究所记录的信息，实现经验的抽象和理论的升华，完成有价值经验的原始积累。随着自己所记录的信息的增多，为便于今后系统研究，首先要进行分类，可按工作内容分为班级管理、学法研究、教法研究、备课研究、学生心理情感研究、教学理论研究等。分类之后，当对某一个问题感兴趣时，就围绕这个问题去收集资料，去进行科学研究，并写成教育、教学随笔或研究性论文，随着研究点的增多，由点到面，逐渐拓展到这一领域，进而建构一个完整的理论研究体系。

3. 形成个性化教学风格

运用原始积累的有价值经验去指导实践，并在实践中去丰富、完善、发展原始积累的有价值经验，力争形成自己具有个性化的教育教学风格。因为每个人对问题的认识都有其特殊性，所以，每个人所积累的有价值经验也随之具有差异性。根据自身的特点和所积累的有价值经验去设计、实施具有个性风格的教育教学活动，进而研究、探索出一整套有体系的教育教学理论和模式，是我们每位教师都应该追求的崇高的理想和目标。

教师的成长必须经历从长期的有价值的经验积累到自我建构和形成风格的三个过程。从最初的学习到认同归属，从了解自我到充实补缺，从切身经历中反思到发展自我个性……这不仅仅需要对教育的忠诚，更需要科学的思维方式和方法。

（参考文献：武宏伟，《教师的有价值经验积累》，《师道》2008 年第 6 期）

五、坚持读书学习，更新知识结构

联合国教科文组织在《教育——财富孕育其中》中旗帜鲜明地指出："终身学习是打开世纪光明之门的钥匙。"作为学生学习的指导者和人类文明的传播者，教师必须率先成为终身学习、终身阅读的示范者，使读书、学习成为教师职业生涯的第一要务。学习型教师的本质特征是具有终身学习的品质。学习的目的可以是为促进自身专业素养的提高，以适应教师专业化的需要。学习的意义更可能是提升教师的生活品位和生命质量，以便更好地承担起推动素质教育的历史使命。

可以说，读书是人生之必须，宋代诗人黄山谷说："三日不读书，便觉语言无味，面目可憎。"作为教师，更是不可一日不读书。孔子在《论语》中说："古之学者为己，今之学者为人。"面对"应试教育"，教师可以做的实在有限，但是读书是自己的事，也正是"为己"。

一个肩负文化知识传承角色的教师，要想适应新课改的需要，要想在新课改中引领潮流，除了从思想上彻底转变观念外，还必须努力重构自我，努力提升自身生命内涵和教育素养。提高自己的核心竞争力，读书则是最有效的途径之一。读书是教师专业化发展的必经之路，是引领教师专业成长、提升生命价值的重要捷径。

读书需要坚持，需要思考，需要养成"不动笔墨不读书"的好习惯。新课程的变革是时代所致，是发展所需，它客观上要求教师的学习方式必须发生深刻的改变；它需要的是开阔的眼光和阅读的大视野。

过去我们习惯于为读书而读书，为学习而学习，知识与个人生命意义的关系变得相对薄弱。我们也常忘记自省，忽视对读书和实践的结合和感悟，忽视将自己置身于信息社会的大环境下，去学习，去阅读，去思考。因此，阅读基本处于浅层次，教师的阅读缺乏动力，没有毅力，阅读成果的转化力更弱。教师有必要对此加以反思，做到在读书中修炼自己，转变教育观念，更新知识结构，提高人文素养。教师应从多方面多层次加强专业知识和人格素养层面的阅读，让阅读提升自己的生命质量与专业境界。那么，阅读什么呢?

(一) 阅读学科专业性知识

教师的学科专业理论知识，也可称为本体性知识，指的是教师所教学科知识和本学科的教育学、心理学、教学法等。如“数学教育学”“数学心理学”“数学教学法”等，还包括学科的基本知识和能力、学科前沿知识、学科史和学科思想、学科教育史和学科教育理念等。虽然丰富的学科理论知识并不是成为有魅力教师的唯一条件，但是，它却是这一切的基础。优秀的教师都会自觉地充实更新自己的本体性知识，关心其最新发展动态，比如，语文教师关注语言学、修辞学、写作学和语音学在语文教学中的运用，也需要关注当代作家的新作品、新思潮、新动态等。

(二) 阅读教育专业理论知识

专业理论知识，是指教师的条件性知识，包括教师所具有的教育学、心理学、教育哲学、学生心理学和教育社会学以及教学过程论、教学组织论、教学主体论、教学方法论和学科德育论等方面的具有教师特征性标志的知识。这些年，这些方面的理论发展较快，相对成熟的著作相继问世，为教师的阅读提供了丰富的精神食粮。教师的条件性知识，实质上是教师在教育教学中传授知识的一种方法、一种艺术。条件性知识丰富的教师，可以用学生可以接受和乐于接受的方式，让学生生动活泼地学习，自主创新地发展。

一位外国教师的教学事例非常有趣，记得有一次他去上课，教室里人声鼎沸。他走上讲台一句话也不说，便从西服兜里摸出一张照片，让大家看。照片上是一个七八岁的小女孩。他讲道，“This is my daughter.”(这是我的女儿)，讲完话，学生开始安静，目光集中在照片上。这时，他又伸手摸出第二张照片，照片上是一个三四岁的女孩："This is my second daughter."（这是我的第二个女儿）学生笑声不断，好奇地对两张照片进行比较。此刻，只见他再次把手伸进兜里，但半天没往外掏。全班同学的目光都集中在他那只掏兜的手上，只见他仍然是那么安安静静地慢慢摸出一张更小的小孩的照片。没等他讲话，早有同学喊了起来"This is my third daughter."（这是我的第三个女儿）他轻轻地讲："很好！你们的英语单词发音和语法都正确，但内容讲错了，这不是我女儿。"大家哄堂大笑，他不露声色地指着第一、二张照片讲"这是我的女儿"，再指着第三张照片讲"那是我的儿子"。话音未落，全班大笑了起来。

这位教师摸出 3 张照片仅用了 3 分钟，但他连续 3 次介绍了同一个重要句型，并且变换了代词和人称。这实际上是一次精彩的句型示范教学活动。他出示的照片是真实的，创设的英语教学的语言情境也是生动的。他既介绍了自己的真实情况，又示范讲解了重要的英语句型。可以说，这位外国教师的条件性知识运用得恰到好处。

（三）拓展阅读的文化视野

教师的文化视野，可称之为背景性知识，就是指学科以外的相关知识，如哲学、文学、史学、美学、环境学等。从本质上说，真正意义上的教育实际是一个文化熏陶的过程。文化及人文精神所关注的是人的生存方式和生命意义，文化是精神生活的守护神。文化追求人的情感与精神的和谐发展，追求一切活动的价值和意义，追求生活的质量与人性的完美。文化看重的是对过程的体验，情感的交流，精神的充实。教育一旦失去文化，就会使教学陷入重科学、轻人文的"唯科学主义"的误区。不重视对学生进行人文教育，忽视学生心灵美的培养，我们会付出惨重的代价。因此，在教育教学中，一个教师如果没有人类文化大视野的支撑，没有对文、史、哲、法学、经济学和自然科学的了解，而仅仅将自己的目光局限在一个狭小的圈子里，便很难成为一个真正意义上的优秀教师。从某个角度看，教师读书的宽度将决定自身生命的高度，教师生命的高度将决定自身工作的高度，教师工作的高度将决定学生发展的高度，学生发展的高度将决定祖国和他们个人未来的高度。

大凡优秀的教师，他们一生都在博览，都在积淀、更新自身的知识结构。“问渠哪得清如许，为有源头活水来”，比如，李镇西可算是成就不菲，可他一直勤学不已，追求不止，每天坚持读一定数量的书，每天坚持写教学反思，即使外出也不例外，在近几年他还攻读了苏州大学的哲学博士。夏丏尊在谈到著名教育家、艺术家李叔同说：“李先生教图画、音乐，学生对图画、音乐看得比国文、数学等更重。这是人格魅力的缘故。因为他教图画、音乐，而他所懂得的不仅是图画、音乐，他的诗文比国文先生的更好，他的书法比习字先生的更好，他的英文比英文先生的更好……这好比一尊佛像，有后光，故能令人敬仰。”夏丏尊先生所赞赏的正是李叔同先生所拥有的广博的背景性知识。

多读一点专业类的书，让我们变得更有底气；多读一点哲学类的书，让我们变得更加大气；多读一点人文类的书，让我们变得更有灵气！

读书的内容明确了，有没有更有效的读书方法呢？说几条供大家参考。

一是进修与自修相结合。参加培训班、研修班，听专家学者的报告是很有必要的，可以减少我们遨游书海的时间和精力，但是，必须对专家的报告进行独立思考，听后要总结一下自己的收获，对他们的观点有没有不同的看法，对那些没有弄明白的问题可以再找一些资料去进一步学习钻研，也就是把进修与自修结合起来。要带着自己的实际问题去读书学习。除了读一两本专著之外，最好随时关注报刊上的文章，因为报刊文章中新的信息比较多。

二是泛读与专攻相结合。根据教师专业化的要求，其知识结构必须是横向知识广博、纵向知识深邃的“T”型知识结构，因此，在读书学习的时候，既要广泛涉猎方方面面的知识，又必须结合自己研究的课题确定理论学习的主攻方向。

三是做剪报与写读书笔记（摘抄）相结合。大家都清楚“书到用时方恨少”的道理，因此，平时必须坚持读书看报，把有用的东西收集起来，按专题进行分类保存以备研读；或预备一个本子，把一些新思想、新观点摘录下来，在读别人的文章时，自己有不同的看法或体会也应立即把它写出来（写读），哪怕三言五语，以后再思考这个问题时就会有帮助。做剪报与写读书笔记结合，对更新自己的知识结构、提高专业水平是非常有价值的。

四是自我反思与参加读书沙龙活动相结合。我们每位教师在教育教学中都会有成功的喜悦和失败的痛苦，如果能对这些经历进行及时的反思，找出原因（反思性评价）和改进的办法（反思性计划），对改变自身的教育行为是非常有益的。当然，还可以组织更多同仁就某一问题进行共同探讨的沙龙活动，集思广益。

五是读书要有选择。有人统计过，一个化学家每周阅读40小时，仅浏览世界上发表的有关化学方面的文章和著作就要用48年。在这种知识增长的态势下，读书不选择恐怕是不行的，我们完全可以抛弃我们并不真正需要的知识，区分什么是自己必须学的知识，什么是不需学的知识，才是最重要的。别林斯基说：“阅读一本不适合自己阅读的书，比不阅读还要坏。我们必须学会这样一个本领，选择最有价值、最适合自己的书。”

六、积极参与教育科研，做科研型教师

著名教育家吕型伟教授说，教育是事业，事业的意义在于奉献；教育是科学，科学的价值在于求真；教育是艺术，艺术的生命在于创新。这就要求我们教师在提倡奉献精神的同时，研究教育规律，探求教育的真谛，不断总结、反思自己的教育经验，实现由经验型向科研型的转变，做科研型的教师。

（一）为什么要积极参与科研

1. 教师专业化发展的需要

长期以来，教师被称为传授知识的“工匠”，似乎只要具备一定的“授业”知识，就可成为教师；教师工作似乎是一种比较容易从事的、工匠式的劳动，因此，教师是最迟被认识到需要经过专门训练的专业性岗位，其“不可替代性”常被忽略。

进入信息时代，仅以技术是否熟练作为教师职业标准已经过时，教师专业化不仅是世界教育改革大趋势，也成为现代教育发展的历史要求。教师职业有自己的理想追求，有自身的理论，有自觉的职业规范和高度成熟的技能技巧，具有不可替代的专业化特征。顾冷沅教授概括了现代教师六个方面的专业特征：①服务：在服务社会的过程中将道德力量与知识创新联系起来；②理论：以先进的教育理论与专业知识作为职业的支撑；③实践：教师的专业知识在实践中应用和发展；④判断：对教育实践的不确定性作出正确的判断和决定；⑤经验：在实践反思中发展自身的经验体系；⑥团体：依赖专业团体实现合作探讨和专业评价。上述六个方面的专业特征的确立都有赖于教师的研究和创造，研究与创造是唤起教师内在尊严和欢乐的原动力，并日益成为衡量教师专业化程度的核心指标。教师职业的专门化既是一种认识，更是一个奋斗过程；既是一种职业资格的认识，更是一个终身学习、不断更新的自觉追求，我们要不断提升自身的专业化水平，就要实现由经验型向科研型的转变。

2. 扎实推进素质教育的需要

学校教育教学虽然具有重复的特点，也容易偏向形式化、公式化和呆板僵化，但是教育的生命力不是复制，而是创新。在社会要求教育实现革命性变革的时刻，改革的阻力最有可能来自教育领域内部。陈腐的教育思想观念束缚下的教育行为随处可见。据北京市教科院基础教育研究所的一项调查显示，50.2%的教师认为自己所在的学校存在着体罚、讽刺、挖苦学生的现象，并有 38.6%的教师认为“教师经常批评、惩罚学生是出于对学生负责和对学生有爱心”；学生对学校生活的满意度不高，有 34.2%的小学生及高达 68.6%的中学生在学校情感体验感觉一般，小学生中有 10%、中学生中有 16.6%的人在学校的情感体验是很不愉快的；符合素质教育要求的教学模式、学习方式尚未真正确立，75.6%的教师认为目前的课堂教学模式仍是停留在“灌输—接受”的水平和阶段，学生的学习方式基本上也还是“听讲—练习—再现教师传授的知识”，35%的小学生、28.2%的中学生反映课堂上经常是教师讲、学生听、枯燥无味；在学生评价方面，78.9%的家长认为，目前学校评价学生的主要方式和标准还是考试和分数，77.8%的教师认为评价就是学生之间的横向比较。

正如前教育部部长陈至立指出：“推进素质教育步履维艰，基础教育还没有摆脱应试教育的惯性和影响。在一些地方就像有的同志形容的‘素质教育喊得震天动地，应试教育抓得扎扎实实’。”全面推进素质教育，一定要抓教育思想观念的问题。教师的思想观念不改变，素质教育就难以取得实质性进展。

推进素质教育，首先需要教师有求新求变的精神，积极参与教育教学改革的试验，主动承担教育科研项目，在经验反思的基础上，体会素质教育的深刻内涵，形成新的教育观念，从而切实改进教育教学的行为模式，使教育焕发出应有的生命活力。教师要成为研究者，这是国内外教育改革趋势对教师提出的新要求。

3. 教师自我发展的内在需求

教育是民族振兴的基石，是青少年成才的保障，也是教师成就自我的事业。教师应当努力成为教育目的的实现者、教学活动的指导者、教学方法的探索者、教育活动的创造者。教师只有实现人生价值，创造人生辉煌，才能有效地带动学生走向成功。一名好教师应当积极适应素质教育要求下的角色转换，不仅要用发展的眼光看待学生，还要不断充实和提高自己，实现自身的持续发展，这是新时代为人师表的重要内容。21 世纪的教师应当努力走在时代的前列，在更高的起点上不断实现对自我的超越。

教师成长的重要途径是在教育理论指导下参与教育改革实践活动，搞好教育科研，主要包括以下几项：

在教学方法的研究过程中体验研究性学习；

在改进和加强德育工作的研究与实践中探索切实增强德育的针对性、实效性和主动性的方法和途径；

在实践中学习和掌握现代信息技术，提高将学科知识、教育理论和现代信息技术有机整合的能力；

在教学规范性的基础上，努力追求个性化的教学风格，将成功的经验提炼升华成为独特的教学思想，使教学成为科学与艺术的统一；

在科研过程中，不断强化自己的科研意识、问题意识，提高动手实践能力和与人合作的能力；

在教书育人、促进学生发展的过程中实现自身的持续发展。

4. 按教育规律施教，提高教育质量的需要

全国模范教师斯霞说：

> 我们习惯于按自己的经验来开展教育教学工作，即使是新参加工作的教师，也会按照在受教育时的印象考虑问题。这有可取的一面：继承传统。但是有的传统不一定科学，不一定可取。我们常常宁愿相信“过去”而不相信科学研究，不相信科学结论。这是我们教学质量上不去、学生学业负担过重减不下来的原因之一。靠什么解决这些老大难问题？我认为最好的办法是进行科学研究，搞调查，搞实验；让教育科研成为实施素质教育的向导，按教育规律施教，全面提高教育质量，便是我们由经验型转化为科研型的主导思想。

教师进行教育科研有相互关联的两个方面，一是结合教育改革和发展的

要求深入学习现代教育理论，转变教育观念；二是结合自己的教育教学实际，应用教育教学基本规律，改善教学行为，使学有成效，教有作为。

（二）怎样才能成为科研型教师

1. 了解科研型教师的特点

教师第一天置身于教育教学实践中，可以说一只脚已迈入教育科研的门槛，再掌握一些教育科研的基础方法，就是研究的门内之人。教育科研对我们既非神秘，也不是高不可攀，只要有心、用心、热心，便可以心领神会，驾驭自如，就能真正成为科研型教师。

（1）具有较强的科研意识。

意识是支配人行动的动力，较强的科研意识，可使我们的科研行为更加自觉、理性。

从心理学角度讲，意识是一种人脑的机能，是高级神经系统高度发展的表现，是人的心理对现实生活的自觉反映，是感觉、思维等各种心理过程的总和。作为教师来说，教育科研意识就是对教育活动的有意识的追求和探索，是运用教育科学理论指导教育活动的实践，是对所从事的教育活动一种清晰而完整的认识，它既表现为教师对教育活动的主动适应，也表现为教师对教育环境的积极影响与改造。

教师的科研意识之所以在教育活动中显得特别重要，是因为教育是一种有目的、有计划的培养人的社会活动。从事这一活动的行为主体就绝不能被动、不能消极、不能盲目、不能随意。中小学教育的育人功能是基础性的，中小学生正处于人的生理和心理剧烈变化的时期，这既是他们身体发育、知识增长、心智发展的关键期，又是他们理想萌发、人生探索的关键期。基于这一特性，中小学教师就应该具有一份自觉，具有一份清醒，具有一种事业的追求，这些特质就是教育科研的意识，也是教师素质的本质特征。

有研究者认为，教育科研意识由“三个要素”构成：其一是教师献身教育事业的热情和信念，即对教育事业执著追求的精神支柱；其二是教师应有的教育教学实践经验和理论基础；其三是教师要有教育科研的敏锐眼光和智慧。总之，教育科研意识是教师的一种心理素质，是教师职业理想、职业道德、知识素养、能力个性的综合体现。

（2）具有较强的科研能力。

①设疑能力。教师应善于发现问题，善于提出问题，善于解决问题。设疑是思维的结果，只有进行积极而科学的思维，才能发现问题，提出问题。教育科研始于问题，不能发现或提不出问题，就谈不上教育科研，就不可能揭示教育教学中具有普遍指导意义的教育理论。问题大体有三种：一是别人都没有注意到，但确实是需要解决的问题，这便是常说的“填补空白”；二是别人搞错了、讲错了需要加以纠正的问题，这类问题在阅读报刊文章的过程中可以发现，常见到的“质疑”“商榷”等便属于这类；三是教育教学实践中遇到的困难和挫折以及需要加以解决的问题，这类问题只有做教育实践的有心人才能发现。

②信息处理能力。信息时代决定了教师再也不可能停滞于关门办学、埋头教书的水平。教师应视野开阔，思维敏锐，眼光独到，对各种有用的信息具有高度的敏感性，具有辨别识鉴、简化归纳、联系发挥和分类存档的能力。通过新闻书刊、广播电视、互联网等多种媒体，广开信息来源，广泛收集、整理、加工信息，认真做好读书笔记，坚持分类剪报、做文摘卡片等都是提高信息能力的行之有效的方法。

③创新能力。这种能力是在前两种能力基础上的开拓和创造。教育科研是一种创造性的认识活动，核心是创造。表现为不唯书，不唯上，不盲从；有强烈的求知欲望，对新事物、新思路有寻根问底的热情；能够独立思考，敢于提出自己的见解、主张；有勇于探索、敢为人先的科学精神。培养创新能力要从基础做起，从点滴做起，在教育改革的实践中锻炼。

④具有较强的选题能力。教育科学研究过程是一个不断提出问题和解决问题的过程。问题的实质就是矛盾，问题是联结已知和未知的纽带。无论是教育理论领域，还是教育实践领域，人们尚未认识的教育事实和规律是复杂

多样的，其中有许多教育问题需要解决。但是，并不是所有的问题都能成为研究的课题，因此，选题是教育科研的第一步。选题直接关系到科学研究的方向，选择研究的内容和确定研究方法是否科学直接关系到一项研究工作能否顺利进行，直接关系到研究成果的价值是否对发展教育理论有意义以及能否推广应用。

美国科学家贝尔纳说："课题的形成和选择，无论作为外部的经济技术要求，抑或作为科学本身的要求，都是研究工作中最复杂的一个阶段。一般来说，提出课题比解决课题更困难……所以评价和选择课题便成为研究战略的起点。"爱因斯坦说过："提出一个问题往往比解决一个问题更重要，因为解决一个问题，也许仅仅是一个数学上或实验上的技能而已。而提出新的问题、新的可能性，从新的角度去看旧的问题，却需要有创造性、有想象力，而且预示着科学的真正进步。"因此，他们都把课题的形成和选择作为科学研究最重要最复杂的一个阶段。

选题是研究者思维能力的表现。正确选题是教育工作者进行科学研究的基本功，是衡量研究者水平的一个重要标志，也是研究者思维能力的表现。这是因为研究课题的选择与确定，要求研究者以现代教育理论为指导，善于从教育理论与教育实践、教育现状和社会发展需要三方面的种种矛盾的分析中，发现、提出和形成一个有意义且有创新性的问题，这是研究者敏锐的洞察力、对形势的判断力以及胆识的综合反映。

综上所述，选择和确立一个研究课题，需要对理论与实践、需要与可能、主观与客观等各方面因素进行分析，因此，正确选题确实是研究者即教师思维能力的表现。

(3) 具有高尚的科研道德。

道德是一定社会为了调节人与人之间、人与社会之间的关系所提倡的行为规范的总和。为了贯彻依法治国、以德治国的方略，中央制定了社会主义公民道德建设实施纲要，它包括社会公德、职业道德、家庭美德等几个方面，用以规范人与人之间的关系，做到他律与自律相结合，特别是加强自律、自警、自省。教育科研也是一种教育活动，是一种特殊的教育活动，它是在教育科学理论的指导下，以教育现象和教育实践中的事实为对象，运用科学的方法，探索教育现象本质和客观规律的创造性的认识活动和实践活动。因此，除了要遵守教师职业道德外，还应具有科研道德。科研道德对教育科研和教育改革发展具有重要的意义。

2. 深入学习现代教育理论，树立素质教育新观念

裴娣娜教授提出，教育观念的变革是根本的变革。世界各国在推进教育现代化进程中均将教育观念的变革作为具有战略性意义的问题进行思考和探讨。一个国家确立什么样的主导教育观念，正是从一个侧面反映了一个国家教育发展的水平。

3. 积极参与教育科研和教学改革，努力提高教育教学水平

教育科研是教育决策科学化、民主化的重要基础，对我们教师来讲，是提高自身素质和提高教育教学质量的成功之路、幸福之路。

我们教师搞教育科研，就是要结合教育教学的实践，运用教育教学的基本规律，解决教育教学中的实际问题，使教与学进入一种主动和谐的境界，使学生学得主动，学得轻松，学有成效；使教师教得自信，教得幸福，教有作为。一句话，就是在行动中研究，通过研究与反思改善我们的教育教学行为。

按教育规律施教，就要认真学习教育理论，以现代教育观念为指导，转变自己的教育观念和教育行为，这是提高教育质量和实现自身价值的“双赢”策略。

4. 争取参加学术团体和学术活动

学术团体是群众性的教育科研组织，它们都有自己的章程、组织领导机构、活动宗旨和内容界定、成员的界别以及相应的权利和义务，而且都已在相应的民政部门注册登记，是合法、规范的。对于中小学教师来讲，我们可参加的学术团体有各级教育学会及其相关的研究会，他们分别隶属于各级教育行政领导机关，并接受相应的业务部门的指导。目前，许多中小学教师积极参加各级及其相应的专业研究活动。通过学会组织的各种学术活动，如专题研讨、学术讲座、信息交流、论文评定、课题研究等，有效地提高科研意识和科研能力，不仅使自己的研究成果得到认可和交流，还可广交朋友，拓展视野，对提高自身素质教育教学质量大有裨益。一些教师深有感触地说，教育学会是提高我们科研能力的加油站，是获得教育科研信息的资源库，是展示我们科研成果的大舞台。正是由于教育学术团体具有团结广大教师参与教育科研的功能，并聚集了一批“有识之士”“有志之士”，所以成为各级教育行政领导部门的“智策团”“参谋部”，成为推进教育改革的一支不可或缺的主力军。因此，争取参加教育学术团体，已成为广大教师尤其是刚参加教育工作的青年教师的强烈愿望和内在需求。

教育学术团体所组织开展的学术活动是丰富多彩的。一般有学术年会、专家讲座、信息发布、课题指标立项、论文评审、课题成果鉴定等。有的还专门编辑出版学术刊物，向教育决策部门提供资讯，开展国内外学术交流等。

综合广大教师参加学术活动的内容和形式可有以下几种：

(1) 争取申报承担研究课题。教师可从学术团体发布的科研课题指南中选择适合自己研究的课题，这样，课题研究方向、目标都比较明确。立项后在学术团体的指导下，可使研究过程规范，研究方法科学，研究成果价值高，有的还可得到部分资助，并提供展示交流的机会。

(2) 争取参与各种学术交流研讨活动，敢于发表自己的观点，提交自己的研究成果。在学术研讨中，不分职务、辈分，不论成果大小，不论观点是否一致，都可以畅所欲言，各抒己见。我们要尊重专家，但不迷信权威。虚心学习、认真讨教是不可少的，提交自己的研究成果，勇于发表个人意见，更为难能可贵。不甘于只当观众，要勇于当主角，这是参加学术活动的积极态度。

(3) 争取研究成果发表交流的机会。教育科研的生命在于教育实验。我们中小学教师在教育教学实践中积累、提炼的教育教学案例，是生动、鲜活的研究成果，争取发表交流的机会，不仅会获得成功的体验，增强科研的信心和意识，还会得到有关专家和同行的指导和帮助，这对提高自身的科研能力和水平是至关重要的。

（4）争取学访调研的机会。随着教育改革的深入，广大教师外出学访的机会将会增加，我们要珍惜每次难得的学访机会，认真做好调研准备，拟好调研提纲；在学访中虚心求教，深入研讨，做好记录，有条件时还可索求有关资料或邀请对方适时回访，做到有来有往，这样不仅可活跃学术交流氛围，还可扩大自己的影响。教育资源的充分利用和科研成果的共享是学访交流的重要目的。

总之，积极参加学术交流活动，既是教育科研的一项重要内容，也是提高科研能力的重要途径。我们要积极创造条件，争取各种机会，在学术交流活动中展示自己、发展自己。

5. 坚持论文写作，提升教育智慧

广大中小学教师有丰富的教育教学实践经验和较为系统的教育科学理论知识，也有一定的写作能力。可以说教师具有写好教育教学论文的得天独厚的有利条件。坚持在实践中撰写教育教学论文，也是提高教师专业素养、形成教育智慧的有效途径。

写作本身就是研究，就是教育反思的过程，甚至是一种研究方式。它不仅是思想的记录和梳理，还是不断深化着的思考。在某种程度上是人的思想在推进着研究，写作可以帮助作者进行深入思考，对作者的思维方式和内容进行挖掘和澄清，可以使教师的正确理念和教育教学方法彰显出来。写作还是一种知识转化的活动，它可以把自己的隐性经验显性化。

许多时候，教师的教育教学经验往往是处在可意会而难以言传的隐性状态，也就难以向其他教师传播这种经验，不能实现资源共享。教师本人的专业素养提高也处在一种高原期。要想突破自己专业发展的瓶颈和高原期，必须提高自身主动发展的自我意识，特别是问题意识。因为播下一种意识，就会收获一种行动；播下一种行动，就会收获一种习惯；播下一种习惯，就会收获一种命运。

有了这种意识，你就会对自己的经验进行反思，分析其成功的原因和失败的教训，使其在头脑中逐渐清晰，这时如果能够提笔将其梳理、提炼、记录下来，就不是太难的事了。于是那些平时散乱于日常教学生活中的素材，就会被唤醒，为你的经验提供依据。将隐性状态下的经验显性化，真正形成具有个性化的“实践性理论知识”，这是教师专业化的最重要的标志之一。因为写作也会使你感到一定的难度，这也是一件好事，知难然后知不足，知不足才会有学习的动力，才会加紧阅读、“学课”、进修；才能关注理论前沿，从理论和现实中寻求灵感和解决的办法。著名教育学者肖川说过：“会写论文的教师是一个好教师。”这其中真正的根源就是：会写论文，必有积累；会写论文，必善总结；会写论文，理应智慧。因为智慧，所以优秀。

美国学者舍恩认为：人们职业水平的提高，最主要的渠道不是离开职业活动的专门学习，而是在职业实践当中不断反思。事实上，65％以上的教师专业技能都是在任职以后的实践环节中形成的，实践可以弥补职前师范教育的不足。教学反思、撰写教育随笔、教育案例或论文，开拓了教师专业成长的重要途径。这个途径就是教师的个人行动研究。个人行动研究要解决的不仅仅是“如何做”，而且是“应该怎么做”“为什么这样做”，就是说要“发明”此“理”。教师带着问题，通过实践探索问题解答的一般原理或者在理论的指导下去解决和验证某些现象与问题，都属于个人行动研究。此外，根据自己的兴趣和方向，教师还可以开展富有成效的个性化研究。不像工程技术那样强烈地依赖于基础理论，教育（学）是实践之学，我们甚至可以说只有教师才能做真正的教育研究。当前，教师缺乏的是敢于发出自己的声音和相信自己感受的那种自信。教师通过行动研究，哪怕是一个很小的问题，只要长期关注、探索，日积月累就会形成自己的“实践性理论”，并由此弘扬开来，辐射教育整体，感悟教育真谛，提升专业水平。

倡导专业自我发展并非主张教师以自我为中心而囿于个人狭隘经验。阅读可以开拓理论视野，借鉴他人优秀经验，丰富自己的专业理论；写作在于反思自我，与他人共享教育经验，通过表达来完善自我的专业水平。朱永新教授曾有“成功保险公司”开业启事：每日三省吾身，写千字文一篇，坚持十年；若十年后自感未能跻身成功者之列，公司愿以一赔百。这是一种通过个人专业知识管理来实现专业发展的有效途径。具体做法有教育名著的细读咀嚼、慎思体悟，教育案例开发，教学档案积累，个人教育博客创建，教学日记、教育随笔、教育叙事等的拟写。

除此之外，教师要实现自主专业发展，成为智慧型教师，还应注意以下两个方面：

第一，坚持合作求发展。表面上看起来，教师以学校、年级或班级为单位共同完成教育学生的任务，但实际上教师劳动很孤立。在个人主义的专业文化氛围中，教师个人甚至还很孤单。由于封闭于自我、盲目遵从专家理论和权威，教师专业的自我发展必然遭遇文化障碍。而同伴之间的交流与合作就是让教师与自己的同行（包括学校领导、教育专家、相同或不同学科的教师、同校或异校教师、本地区或他地区教师、本国或异国的教师）交流和分享对教育的感悟、体验与困惑，进而实现专业认识和发展的目的。具体沟通方式可以是聊天、座谈、听课、参观、看课例录像、网站论坛、课题协作、问题讨论等。

第二，“跳出”教育谋发展。教师的封闭不仅限于教师之间，还表现在学校与学校、学校与社会之间。教师长期局限于学校教育生活，容易形成思维褊狭。但教育这一专业实践与社会公共生活、与千家万户密切相连，教育应成为大教育，教育的理论基础和实践基础也相当广泛。“跳出”教育，是指作为专业发展主体的教师要把专业发展的资源和思路拓宽，把自我专业发展置于社会与时代的背景之中，与各行业人员交流，关注其他行业的发展趋势（如社区、工厂、公司、研究所等其他非学校机构的专业实践，成为一个专业自主和“自由”的教师），从社会生活中汲取养分和灵感，从而改善自己的教育思路。

Jiao Shi Zhuan Ye Hua Wu Xiang Xiu Lian

第四章

师能修炼

根据相关规定，教师资格条件包括四个方面：中国公民身份、思想品德条件、学历条件和教育教学能力。其中，教育教学能力的条件又包括身体条件、普通话水平、选择教育教学内容和方法、设计教学方案、掌握运用教育学心理学知识的能力、语言表达能力、运用现代教育技术的能力，以及为提高教育教学水平而进行研究活动的能力。

师能指教师施教的气度和能力。师以能为基，无能必误人子弟。教师从事的是一项十分复杂又艰巨的育人工作，要把它做好，离不开长期修炼自身的专业能力。知识和能力是教师在教育舞台上赖以立足的两根支柱，也是教师专业化的两个重要指标。上一章我们讲了教师的知识结构，而这种知识结构主要靠教师的专业能力来体现。素质教育的教学观，不仅要传授知识，更要重视对学生的能力培养和智力的开发，这都说明教师修炼自身的专业能力的重要性。

人生总免不了要遭到这样那样的失败。确切地说，我们几乎每天都在经受和体验各种失败。有时候。我们甚至会在毫不经意和不知不觉之间与失败不期而遇。面对失败，我们又往往会采取对待失败的习惯的措施和办法——或以紧急救火的方式补救失败，或以被动补漏的办法延缓失败，或以收拾残局的办法打扫失败，或以引以为戒的思维总结失败……虽然这些都是失败之后必不可少的，但都是在眼睁睁看着失败发生而又无法挽救的情况下采取的无奈之举。任凭失败一路前行而无力改变，实在是更大的失败和遗憾。

第一节　修炼内容

一位哲学家的女儿靠自己的努力成为闻名遐迩的服装设计师，她的成功得益于父亲那段富有哲理的告诫：

> 人生免不了失败。失败降临时，最好的办法是阻止它、克服它、扭转它，但多数情况下常常无济于事。那么，你就换一种思维和智慧，设法让失败改道，变大失败为小失败，在失败中找成功。

是的，失败恰似一条飞流直下的瀑布，看上去湍湍急泻，不可阻挡，实际上却可以凭借人们的智慧和勇气，让其改变方向，朝着人们期待的目标潺湲而流。

> 在美国缅因州，有一个伐木工人叫巴尼·罗伯格。一天，他独自开车到很远的地方去伐木，一棵被他用电锯锯断的大树倒下时，被对面的大树弹了回来，他躲闪不及，右腿被沉重的树干死死压住，顿时血流不止，疼痛使他的眼前一阵阵发黑。面对自己伐木生涯中从未遇到过的失败和灾难，他的第一反应就是："我该怎么办?"
>
> 他看到了这样一个严酷的现实：周围几十里没有村庄和居民，十小时以内不会有人来救他，他会因流血过多而死亡。他不能等待，必须自己救自己。他用尽全身力气抽腿，可怎么也抽不出来。他摸到身边的斧子，开始砍树。但因用力过猛，才砍了三四下，斧

柄就断了。他真是觉得没有希望了，不禁叹了一口气，但他克制住了痛苦和失望。他向四周望了望，发现在不远的地方，放着他的电锯。他用断了的斧柄把电锯弄到手，想用电锯将压着腿的树干锯掉。可是，他很快发现树干是斜着的，如果锯树，树干就会把锯条死死夹住。根本拉动不了。看来，死亡是不可避免了。

然而，正当他几乎绝望的时候，他忽然想到了另一条路，这就是不锯树而把自己被压住的大腿锯掉。这是唯一可保住性命的办法！他当机立断，毅然决然地拿起电锯锯断了被压着的大腿。他终于用难以想象的决心和勇气，成功地拯救了自己！终于赢得了宝贵的生命。

相对于死亡而言，这又何尝不是一种成功和胜利呢?

失败是一个渐进式发展的动态过程。假如我们在失败刚刚发生或者还不至于酿成终结性灾难的时候，审时度势，转变思路，让失败改道而行，那么，不仅可以最大限度地减少失败所造成的各种后果，而且能够进入一个柳暗花明、反败为胜的崭新天地。这不能不说是一种在失败中修正的能力。

教师专业能力的内涵与外延越来越宽广，而且形成了一个相互联系、相互促进的复杂的结构。其中包括基础性能力和核心能力。

一、基础性能力

基础性能力主要包括了解研究学生的能力、语言表达能力、终身学习能力、协调人际关系能力……这些能力是教师搞好教学工作的前提和看家本领，必须认真加以修炼。

（一）了解研究学生的能力

了解研究学生的能力，在教师能力结构中是最基本的能力，是搞好教学管理和学生思想品德教育的前提，也是其他专业能力形成的条件。

《礼记》上有句名言："知其心，才能救其失。"卢梭在《爱弥儿》一书中也有句名言："教育必须从了解人心入手。"只有了解人才能教育人，这是真理，是实践的结晶。了解学生必须做到内容的全面性（其中包括个体情况的全面性和班级整体情况的全面性）、方法的多样性、情况的真实性；研究学生要坚持一分为二，分清主流和支流；坚持发展的观点面对现实，展望未来；坚持联系的观点，分清主观和客观。这是体现教师了解研究学生能力的重要内容。了解研究学生的能力离不开观察能力，善于察言观色；离不开分析能力，善于对所掌握的信息进行科学的分析判断，从中寻找规律性的东西；离不开调查研究能力，善于通过各种渠道和各相关人士进行调查了解；离不开发现能力，善于发现学生的优点，以便实施有效的激励。

要教育好学生，首先要了解学生、研究学生，这是教师做好教育教学工作的基础和条件，是教师制订和实施教育教学工作计划、解决课堂内各种问题、采取（选择）有效措施的依据。只有全面了解、深入研究学生，客观准确地掌握学生的思想情况、学习情况、身心情况和个性特征，才能做到因材施教，才能实现科学性、针对性，增强实效性。正如苏霍姆林斯基所说："尽可能深入地了解每一个孩子的精神世界——这是教师和校长的首条金科玉律。"

了解学生，其目的在于构建和谐的师生关系，实现因材施教，促进学生素质的可持续发展。其中包括学生的一般情况和个性心理特征。

学生的一般情况包括：

一是思想品德情况。对国家大事的兴趣和认识；对劳动、社会活动和班集体工作的热心程度；与人交往的态度（诚实、礼貌、尊重人）；在公共场所的文明行为。

二是学习情况。学生的各科成绩，对哪门学科最感兴趣或感到头痛；有无良好的学习习惯和较科学的学习方法；是否敢于质疑问难，能否独立提出问题、分析问题、解决问题；能否合理安排学习时间，学习实效性怎样。

三是身心健康状况。身体发育情况（身体外形、身高体重和第二性特征、内脏机能和疾病状况)，对体育锻炼的态度和习惯；心理健康情况，有无某种心理障碍，心理承受能力如何，等等。

四是学生个人成长经历。有无影响其成长密切相关的条件(好的、不好的)；生活习惯如何，其中包括劳动习惯、饮食习惯、卫生习惯、花钱习惯，等等。

学生的个性心理特征，是一个比较复杂又非常重要的内容，是教师能否履行好职责的最关键的一环。

个性是一个人经常表现出来的、比较稳定的、带有一定倾向性的本质的心理特征的总和。其中包括倾向性的心理特征，如兴趣、需要、动机、理想、信念、世界观等；差异性特征，如性格、气质和能力；意识性特征，如自我调节、自我控制和自我完善。在此重点说说应了解的几项重点内容：

兴趣：学生对什么感兴趣，对什么不感兴趣，兴趣是否广泛，其兴趣的特点是什么等。

需要：学生都有哪些需要，其主导需要是什么，处于哪个层次上，哪些是合理的、现实的，哪些是不合理的、非现实的；在实现需要的手段上，哪些是正确的，哪些是错误的等等。

动机：学生的行为动机是什么，处于哪个层次上；影响学生行为动机的原因是什么(兴趣、价值观、抱负等)。

理想：学生的理想是什么，对实现自己的理想有什么看法。

性格：学生的性格特征是内向还是外向、活泼还是文静，影响其性格的原因有哪些。

气质：学生的气质基本属于哪种类型(胆汁质、多血质、黏液质、抑郁质)，其表现是什么。

能力：生活能力、学习能力、关注能力、适应能力和自我调节能力等方面的情况。

除上述情况外，还要了解学生的情感特点(持久性、稳定性、强烈程度)，还有意志品质情况(坚韧、顽强、松懈、疲沓)等。苏霍姆林斯基说：

"不了解孩子，不了解他的智力发展，不了解他的思维、兴趣、爱好、才能、禀赋的倾向，就谈不上教育。"

了解研究学生的能力结构也是一种综合能力，它与教师的调查研究能力、观察能力、发现能力等有密切的关系。下面分别加以阐述。

（二）观察能力

无论什么场合，天真活泼的儿童、朝气蓬勃的青年学生，总是吸引着人们的目光，让教师情不自禁地观察他们的喜怒哀乐、一举一动。观察是开启他们心灵之门的钥匙，是了解他们个性和心理需求的重要方法。要促进学生在全面发展基础上的个性发展，教师必须深入观察、记录学生的各种资料，以便正确选择有针对性的教育教学方法，提高教育效果。因此，观察能力是教师必备的专业素养，也是教师专业化水平的重要指标。教师必须加强观察能力的自我修炼，掌握有效的观察方法，才能成功地肩负起教书育人的重任。

教师有目的、有计划地观察学生，有助于系统、全面、客观地了解学生的情况。正如一位学者所说："每个人都需要学习如何在观察儿童过程中，保持开放的思想，排除先见，集中观察焦点，用系统、逻辑的方式记录信息。"教师更需要如此。北京航空航天大学附小武李立老师叙述了这么一件事：

一天，我发现有个孩子在垃圾箱里翻东西，我很好奇，就远远地看。没想到，他竟翻出一个笔袋。他把笔袋擦了擦，然后迅速地跑回教室。等到上课时，我发现这个笔袋竟在另一个孩子的桌面上，我想他俩之间一定发生了什么事。我向别的同学偷偷打听，才知道他俩在上学的路上刚刚打了一架，还有一个同学说亲眼看见他把那个同学的笔袋拿走跑了出去。是什么使他后悔了？后来我和他聊起此事，他说原来是想把那同学的笔袋扔了报复他，可是后来想起有一次自己因没带文具而惴惴不安了一节课，所以决定还是取消报复计划。说实话，过去我一直不太喜欢这个孩子，总觉得他心眼小、任性，但通过这件事，我发现他其实是一个很善良的孩子。

观察对于我们教师是很有意义的。有时是无意的，是因为我们被一些事吸引了。我们之所以被吸引，是因为它与众不同，而正是这种与众不同，“泄露”了一个孩子的真实本质，让我们见识了那些曾经被忽略的精彩，捕捉到它，才能真正读懂一个孩子的心。

观察记录，通常可以采用以下三种方法：

一是在课堂教学全过程中进行观察；

二是在活动中观察；

三是在日常生活中（非正式交往中）观察。

观察法有两种类型：

一是自然观察法，即在没有约束的自然发生的条件下，在对观察对象不加控制的情况下进行。比如，和学生一起听课，一起参加活动或在一些非正式交往的场合，自然而然地观察。应该注意的是，对这种观察所获得的信息还应做具体分析，不能过于相信“眼见为实”。

公元前489年，孔子和他的学生走到陈国与蔡国之间，被围困，整整7天没有吃一粒米。这时颜回弄到一点米，连忙烧火做饭。饭快熟了，孔子看到颜回迅速地从甑里抓了一把饭吃了。不一会儿，颜回恭恭敬敬地来拜见孔子，请他进餐。孔子假装没看见颜回抓饭吃，从床上爬起来，对颜回道：“刚才我梦见了死去的父亲，饭要是干净的话，我想祭奠祭奠他老人家。”颜回说道：“这饭不干净，不能用来祭奠。刚才有烟灰掉进甑里，脏了，倒掉可惜我便抓出来吃了。”孔子叹了一气，说道：“可以相信的是自己的眼睛，但看来眼睛也不能完全相信啊！”

二是控制观察法，即在对观察对象及其所处环境加以控制的情形下，进行有特定目的的观察。例如，英国伦敦大学人类心理行为实验室所做的下列试验就属于此类：

在一个大房间里，放上一筐苹果，甲老师把学生依次领进房间，指着苹果说："这筐苹果不但不甜，还很苦，你不能吃。"然后走出房间。事后经过检查，约有17.8%的孩子偷吃了苹果。乙老师也做了同样的实验，说了同样的话，可是当他离开房间时，拿起一个苹果，津津有味地吃着。事后检查，约有96.3%的孩子偷吃了苹果。

这个实验就是控制观察法，不仅说明了暗示在教育中的作用，更说明了教师的身传比言教更重要。

观察后要做好记录（或追记）。为获得真实信息，要有一定的计划，要确定观察对象、观察目的和范围以及时间和地点，并把观察过程和平时的有意注意结合起来。同时要保证被观察者的"常态"，教师要做到对被观察的学生不带有感情色彩，更不能抱有成见，切忌主观片面。要努力创造师生之间平等和谐的关系，营造良好的人际氛围。这些都是在观察中获取真实信息的必要条件。

（三）发现能力

每个孩子都有自己的长处，也都有自己的短处。他们的能力是多方面的，这方面不行，别的方面就有可能行。即使最差劲的孩子也有优点，即使最完美的孩子也有缺点。你的眼睛盯住了什么，就肯定能看到什么。如果你带着欣赏的眼光，就必定能从学生身上发现美好的东西。这正如罗丹所说："美是到处都有的，对于我们的眼睛，不是缺少美，而是缺少发现。"技艺高超的摄影师给人照相，为了展示人的最美之处，总能找到最佳视角，所以即使美貌不足的人，看了自己的照片也会心情舒畅、信心十足。在这方面，教师应该向摄影师学习。

美国著名的教育家巴士卡里雅宣称：“把最差的学生给我，只要不是白痴，我都能把他培养成优等生!”巴士卡里雅有什么秘方呢？他的秘方就是善于发现学生的长处，多鼓励，多赞扬。据说，他批改的学生作业本上都写着“写得好”“好极了”“真棒”之类的评语。他的学生人人都从学习中得到一种喜悦，找到了自信，看到了希望，因而学习的兴趣浓，干劲足，进步快。

遗憾的是，许多教师发现的常常不是孩子的长处，而是孩子的短处。上学迟到，作业拖拉，不遵守纪律……哪怕是一个很勤奋、守纪的孩子，也要被千挑万剔，贴上“不要骄傲自满”的帽子，以防止可能出现的缺点。这种无休止的批评、训斥，使学生的好学、自信、乐观豁达甚至创造力，在这种善良的“发现”中被逐渐泯灭。这才是我们教育的悲哀。

曾经有三个这样的孩子：

一个孩子4岁才会说话，7岁才会写字，老师对他的评语是：“反应迟钝，思维不合逻辑，满脑子不切实际的幻想。”他曾经还遭遇到退学的命运。

一个孩子曾被父亲抱怨是白痴，在众人的眼中，他是毫无前途的学生，艺术学院考了三次还考不进去。他叔叔绝望地说：“孺子不可教也!”

一个孩子经常遭到父亲的斥责：“你放着正经事不干，整天只管打猎，捉耗子，将来怎么办?”所有教师和长辈都认为他资质平庸，与聪明沾不上边。

这三个孩子分别是爱因斯坦、罗丹和达尔文。所以说，作为教师的我们，需要学会用发现的眼光去看学生，金子就在你身边。能发现千里马的人是伯乐，能发现学生长处的教师才是称职的教师。

一位作家说过："人人都是天才。"要让学生的潜力充分发挥出来，就要帮助学生去发现"我能行""我哪点最行""我哪一点会更行"。我认为，让孩子自我发现"我能行"的认识过程，本身就是一种自我发现的过程。没有笨孩子，只有潜能尚未发挥出来的孩子，要使孩子明白这些道理，需要我们这些为人师者有发现的眼光与智慧。

1. 发现学生的个性差异

就像天下没有一模一样的树叶一样，世间也没有一模一样的学生。教师的责任就是发现自己学生的不同个性。

爱迪生所以能够成为伟大的发明家，正因为他有一位善于发现他优点的伟大母亲。

> 爱迪生上小学时，学校买来了新教具，他很好奇，全给拆了，又装不回去，气得老师请来了他的妈妈。老师对爱迪生的妈妈说："你的儿子太爱拆东西了，你要让他改改这个毛病！"
>
> "老师，我看你不对哟！我观察儿子很久了，他跟别人最大的不同就是喜欢拆东西，你叫他改掉这一点，那我儿子不就跟别人一样了吗？"爱迪生的妈妈是那么相信这是儿子最大的优点。

喜欢拆东西，实际上就是好奇心强，是智商开发的动力。正是受到妈妈的鼓励，爱迪生的动手能力越来越强，终于成为20世纪对人类贡献最大的科学家之一。可以说，没有爱迪生的母亲，就没有爱迪生的成功，是她发现了儿子的与众不同，发现了儿子的才能，也保护了儿子珍贵的好奇心。

我们教师是否应该以这位伟大的母亲为榜样呢？回答是肯定的。你的学生有什么才能吗？有什么与众不同的地方吗？如果你还没有发现，你就有可能扼杀一个天才，尽管你是无意的。每个人都有与众不同之处，这个不同点也许就是他最行的地方。我们现在教育的误区是，把孩子培养成一筒“筷子”，整齐了就满足了。这种方式培养不出人才，更培养不出天才。

2. 发现学生的优点

武汉市有个学习不太好的学生，上课特别爱举手，有时老师的问题还没有说完，他就把手高高举起。可让他起来回答，他又答不上来。

老师课下跟这个同学聊天，问他原因。

“同学总笑我成绩不好，说我笨。我不服气，所以老师提问我总举手，想让大家看看，证明我不笨，可实际上我不会。”学生对老师实话实说。

老师了解了真相，表扬了他的积极性，并且跟他订下“君子协议”：“以后老师再提问的时候，如果真会回答，你举左手；如果不会，你举右手。”

老师心里有了底，以后上课就抓住这名学生举左手的机会，让他回答问题，并经常表扬他。从那以后，这个学生在学习上很有起色。

在武汉市中小学德育工作会议上，当大家听完这个故事，会场上响起一片笑声和掌声。

孩子天天在长大，天天在进步。父母和老师要像哥伦布发现新大陆一样去发现他，特别要善于发现后进生的优点，让他们都抬起头来走路。

3. 发现学生的强势智慧

奥托·瓦拉赫是诺贝尔奖获得者，他的成才过程极有传奇色彩：瓦拉赫在开始读中学时，父母为他选择是一条文学之路，不料一个学期下来，老师为他写下这样的评语：“瓦拉赫很用功，但过分拘泥。这样的人即使有完美的品德，也绝不可能在文学上发挥出来。”此时，父母只好尊重儿子的意见，让他改学油画。可瓦拉赫既不善于构图，又不会润色，对艺术的理解也不够。成绩在班上倒数第一。学校的评语更令他难以接受：“你是绘画艺术方面的不可造就的人才。”而对如此“笨拙”的学生，绝大部分老师认为他做事一丝不苟，具备做好化学实验应有的素质，建议他试学化学。父母接受了老师们的建议。这下，瓦拉赫智慧的火花一下被点燃了。文学、艺术的“不可造就之才”一下子变成了公认的化学方面的“前程远大的高才生”，并最终成为诺贝尔化学奖获得者。

每个学生的身上都蕴藏着他独特的强势智慧，教师的责任在于把它挖掘出来，让其发扬光大以不断提升生命的意义。在平常的教育工作中，教师要学会观察，努力发现每个学生的强势智慧，并用心予以培养。

善于发现，不仅取决于我们对教育的认识水平，而且取决于我们对孩子的关爱程度。我们不妨用两只眼睛来看儿童：睁大一只眼睛去发现他们的长处；眯缝着一只眼睛去看他们的短处。如此，我们眼中的孩子才是天真可爱的。对孩子来说，每一天便都是充满朝气的。

（四）语言表达能力

苏霍姆林斯基说：“我觉得，对语言的感受以及想用语言去表达内心世界最细腻的活动的愿望——这是真正的文明素养的重要源泉之一。”当今课堂，各种教育手段日趋现代化，教师的叙述和讲解会相应减少，因此，能一语破的、一语解惑、一语启智、一语激情，这就需要教师有深厚的语言艺术功底和语言表达能力。语言表达能力，是教师完成教学任务、实现教学目的的基础能力之一，必须认真加以修炼。

修炼语言表达能力，是各科教师提高专业能力的共同任务。要做出类拔萃的教师，就要不断修炼语言表达能力，要不辞辛劳、耐心研究、大胆尝试，丰富的思想内容和巧妙的语言艺术才会孕育而生。语言表达能力的修炼除了要坚持做到准确、鲜明、生动之外，还要注意：语言除了要合乎逻辑、简明、生动形象，又抑扬顿挫、悦耳动听之外，还要从以下几方面加强修炼：

1. 幽默感

教师讲课时的语言幽默能使学永生难忘，有这样两则案例，供参阅：

记得小时在学习圆周率“3.1416”时，数学老师在黑板上赫然写上六个大字：“山巅一狮一鹿”，这带有童话色彩的语言巧妙地与数字概念结合而生出的幽默情趣，深深地印在了学生的脑海里。

还记得在学习韩愈的《师说》时，老师是这样介绍作者导入新课的：韩愈一生多坎坷，二十多岁登进士第，为“试校书郎”（九品官），后又屡遭困境，晚年才做到“吏部侍郎”（四品官），七品尚为芝麻官，九品只能是菜籽官吧，四品呢，大概是蚕豆官了（笑声）。从“菜籽官”到“蚕豆官”，韩愈的“提干”之路是艰难曲折的（笑声）。当时又盛行“血统论”（笑声），出身高贵，不必求师，也可做大官，出身低微的学生再好也难有出头之日。这样一来，社会便悄然泛起一种“读书无用论”（笑声）。韩愈这篇《师说》就是奋起声讨害国害民逆流的战斗檄文。这一幽默的“导语”大大激发了学生学习的积极性，在学生心理上蓄足强大的势能。

2. 含而不露

教师的语言表达需要具有含而不露的情趣，就是说出的话隐含着一种真切的含义，即话中有话，言在此而义在彼，这样的语言同样具有幽默性，而且更加深刻，学生可以在笑声中接受教师的批评和建议。

法国有一位青年拿着乐谱手稿请教著名作曲家罗西尼，并亲自弹给他听，罗西边听边脱帽，青年问：“是不是天太热了？”罗西尼说：“不是，我有一个见到熟人就脱帽的习惯，在你的曲子里，我见到的熟人太多了，不得不频频脱帽!”暗中指出他的作品抄袭别人的东西太多了。这样的语言实在是妙趣横生，令人捧腹。

3. 语言的亲和力

教师教学的对象是学生，他们具有极其丰富和复杂的情感，因此，教师首先必须研究学生的情感，熟悉学生的情感。心理学研究表明，情感是一种高级的心理现象，只有人，才是有情感的动物。《文心雕龙·明诗》中曾有“人尊七情，应物斯感”的议论，一般来说，人都有趋乐避痛、趋善避恶、趋美避丑的本能，而这种本能与人的情感活动有密切的联系。当人们的某种需要得到满足时，就会产生愉悦的情感。教师的教学只有满足学生的求知欲望和精神需求时，学生才会有积极的情感反应，学习积极性才能提高。而教师语言表达的亲和力，发挥着重要作用。俗话说：“良言一句三冬暖，恶语伤人六月寒。”记得有这样一个寓言：

樵夫救了一只小熊，母熊对他感激不尽。有一天晚上。母熊盛宴款待了樵夫。翌日早晨，樵夫对母熊说：“你款待得很好，我唯一不满意的就是你身上的那股臭味。”母熊虽然怏怏不乐，但嘴上却说：“作为补偿，你用斧子砍我吧。”樵夫照它的话做了。若干年后，樵夫又遇到母熊，问它头上的伤好了没有。母熊说：“那次痛了一阵子，伤口愈合后，我就忘了。不过，那次你说的话，我一辈子也忘不了。”

这则寓言足以说明语言的伤害比肉体的伤害痛苦得多。而教师就是因为一句具有亲和力的“良言”，就能调动起学生美好善良的情感，使他们感到亲切、舒畅与快乐。

某小学一年级新生，还不适应学校生活，经常赖在家里不去上课，父母一筹莫展。为此，老师登门家访。学生对老师说："我不愿意上学！"老师微笑着说："你不去上学，我会想你的！"学生高兴极了，从此每天都早早地来到学校，她对同学们说："老师可喜欢我啦，我不来上学老师会想我的！"

教师语言的亲和力，主要反映在"理解、关爱、尊重、宽容"等方面。用老师们常说的话就是"动之以情，晓之以理，喻之以义，施之以爱，导之以行"。

（五）终身学习能力

在学习化社会中，教师要勤于学习，做终身学习的模范，使自己真正成为"读书人"。《师德规范》第六条要求教师要"终身学习"，与时俱进。要重视专业知识的积累，在不断更新知识结构上下工夫；重视专业理论的学习，在高度上着力；重视文学艺术、历史哲学、自然地理的学习，在人文素养上加强修炼。教师要通过学习提高生命质量，提高教育教学能力和质量。

知识经济给教师带来了挑战。一是学生获取信息、知识的渠道与数量大大增加，培养学生对信息判断和鉴别的能力更重要；二是培养学生思维方式、学习方法以及提高学生思维能力和学习能力更为重要；三是教师必须不断学习、更新知识，不断提高教学能力。在这样一个新的时代，教师要胜任自己的职责，完成培养下一代的任务，必须与时俱进，率先投入学习，而且应在全社会发挥示范作用，为建设学习型社会贡献力量。

终身学习能力是教师从事教育教学工作的基础能力，其中包括获取与筛选信息的能力、把知识运用于教学实践的能力、组织信息使之系统化的能力……

教师肩负着教书育人、管理育人、服务育人之重任。俗话说，"教育者先受教育""育人先育己"。教师要闻道在先、术有专攻、胸中无惑才能从事"传道、授业、解惑"的重任。这当然需要学习。如何看待学习，怎样实施学习，实际上是一个教师如何实现专业成长的问题。只有坚持学习，才能口中旁征博引；只有坚持学习，才能创造性地使用教材，才能赢得自身专业素养的迅速提高。因此，教师要坚持活到老学到老，只要生命不息，学习就不能停止。

教师的终身学习，不能停留在以教学科目为本位、以教材为本位上，特别是信息化社会和新课改的需求，要求教师在学习中要有整合能力和课程意识。因为，以学科和课堂为本位的教育已经落后于时代对教师的要求。而这一切的实现，必然以教师专业素养的提高为前提。育人先育己，如何育己？这是容易被教师忽视，却又不容忽视的问题。没有教师专业素养的提高、生命质量的提升，就很难有教育教学质量的提高；没有教师的精神解放，就难以解放学生的精神；没有教师的专业成长，就不可能有学生的主动发展。教师走专业化道路，是需要终身学习的。这种学习内容和方法是十分广泛的。正如《中庸》所说："博学之、审问之、慎思之、明辨之、笃行之。"博学是第一位的，不仅要学习与学科相关的专业理论，更要对文学、历史、哲学、经济、自然地理的书籍有广泛涉猎。这个学习的过程，不仅要关注知识的积累、知识结构的更新，更重要的是不断提高自己的人文素养和专业能力。

"腹有诗书气自华"，作为教师，有了心灵与书的对话和感悟，气质会变得优雅，头脑会更加聪颖智慧。教师以这样的状态出现在课堂上，你就不再是有着丰富知识的"教书匠"，更是一位有着丰富文化底蕴的智者，拥有着常人难以企及的人格魅力。你的课堂也会开阖自如，挥洒灵动，使学生如沐春风，如入极具魅力的知识殿堂。

终身学习是一位现代教师必须具有的认识和行动。一位希望提高专业素养、走专业化道路的教师，才能成为素质教育需要的高素质教师；才能使课堂成为学生快乐求知的精神家园。我们教师应牢牢记住只有先"育已"，才能"育人"。

终身学习的能力，就是在这种坚持不断的学习中形成的，而且会在不断学习中养成"不动笔墨不读书"的良好习惯。

根据笔者的实践体会，“不动笔墨不读书”的良好学习习惯，包括以下三个方面：一是“查读”，即把读书学习中不理解的词语、概念、原理，通过查阅工具书将其弄明白，并记录下来；二是“划读”与“摘读”，即在自己购买的书和报刊上，将其中一些精彩的观点、颇具哲理的论述用笔划下来，然后再摘记在笔记本上；三是“写读”，即坚持把读书与自己的教育教学实践紧密结合，撰写读书心得。

终身学习既要坚持读书学习，还要坚持以下几个方面：坚持在实践中学习，坚持在网络上学习，坚持向优秀教师学习，坚持同事互动学习等。

（六）协调能力

根据“立体化、网络化教育”的特点，教师特别是班主任必须具有接收指令、协调教师、联系家长、交际社会的能力，使学校、家庭、社会彼此配合，形成教育合力。同时，教师和班主任对学生教育的过程，受外界和学生思想变化影响的因素非常复杂，也难以及时准确地把握，因此，可能发生各种意想不到的矛盾：如学生与任课教师的矛盾、与家长的矛盾、与班干部的矛盾，本班与兄弟班的矛盾……解决这些矛盾不仅需要科学的方法，更需要很强的协调能力。协调需要交往和沟通，因此，交往与沟通能力也是班主任协调能力中不可缺少的部分。另外，协调就要进行各种信息交流，就应该有较强的接收信息和运用语言（口头语言、书面语言、网络语言、肢体语言）传导信息的能力。应该强调的是，教师和班主任的协调能力不但是一种方法技巧的问题，它与教师的人格影响力、感情的亲和力有着密切的关系，因此，要提高自己的协调能力，还必须不断增加自己的人气指数。

如果说教育是一条战线的话，家庭和学校则是这条战线上的两块主要阵地。家长和教师对学生的成长都负有不可推卸的责任。古训曰：“养不教，父之过；教不严，师之惰。”然而，家长与教师相互埋怨之言，却时有所闻。

在现实生活中，确有“教不严”的教师，也不乏“养不教”的父母，然而，相互责备又有何益？莫如都从自我做起，主动与对方联系，建立起相互信任、理解和支持的桥梁。

家、校教育不协调，其分歧多反映在对学生的评价上。评价不一致，又缘于家长和教师对学生缺乏全面了解。事实证明，由于环境因素、心理因素的不同，一些学生在家、在校的表现会截然不同。要正确评价他们，必须全面了解他们。这就需要家长和教师密切联系，互通情况。只有这样才能统一思想，及时发现家、校教育中的薄弱环节，使家、校教育协调一致。

家长和教师，还要共同学习教育科学，研究教育规律，用教育理论把家长和教师的思想、行动统一起来。在这方面，家长要主动向教师请教，教师更应热情地帮助家长端正教育思想，提高教育艺术，掌握教育方法，主动组织家、校间的教育合作，使家、校教育形成一股合力。

教育是一种复杂的社会现象，除家、校教育之外，还受社会上各种因素的影响，如果家、校联系不密切，教育不一致，会给一些不健康的东西以可乘之机，影响青少年的健康发展。所以，希望家长和教师密切合作，莫相怨，共同努力把学生培养成四化建设的合格人才。

二、核心能力

（一）组织管理能力

学生需要快乐而活跃的课堂。这样的课堂是师生、生生相互尊重、相互激励的课堂，是最大限度地满足学生精神需要、求知需要、公平竞争需要的课堂，这样的课堂弥漫着快乐、融洽的气氛，是学生快乐成长的精神家园。然而事实与要求还相距甚远。最近在北京、上海、广州的一次调查显示，有60％的受访学生明确表示学校生活并不快乐。试想，一个不能给学生带来学习快乐的课堂能够促进学生健康成长吗？那些只关注分数，不关心学生精神面貌、人际和谐和学生全面发展的教师，真的应该深思了。眼睛只盯着升学考试，是不行的，还应当在创造课堂文化氛围上多动些脑筋。事实证明，一所学校在相同的管理体系下，仅仅因为教师采取不同的课堂管理手段，学生的精神状态会有很大的差异。毕竟所有的学生都希望受到尊重，希望在社会认同、自我实现等高层次的需要上得到满足。一个高明的专业化教师一定会把创造快乐高效的课堂，使学生快乐地实现健全人格的发展，作为自己的追求，真正使自己的课堂成为学生宽松快乐、民主和谐的精神家园，成为学生快乐学习、健康成长的乐园。实现这一目标需要教师具有构建快乐课堂的组织管理能力。

班主任是班集体的组织者和管理者，班级管理又是一项艰巨复杂、专业性很强的工作。班主任更需要具有较强的组织管理能力才能胜任。读了天津市葛沽第二小学董玉茹老师撰写的《排座位》很受启发，现录后：

魏书生说："管理是集体的骨架。"而班级作为学校管理的基本单位，也是一个小集体，管理工作当然也起着举足轻重的作用。有良好的管理，事情就有头有绪，集体就会像一架机器健康而有序地运转。对于小学生来说，他们对生活充满好奇，也渴望介入生活，更渴望自己的才干得到同学们的认可，渴望自己获得成功并品尝到成功后的喜悦。因此，我在工作中特别注意这一点，那就是在班级中给学生机会和条件，让他们成为班级管理的主人。

新学期开始了，孩子们升入了三年级，看到一个个可爱的孩子，感到他们已经长大了，经过再三考虑，我准备把排座位这件事情交给学生来办。

但我还是有些不放心，先跟学生聊了起来，"同学们，排座位要有一定的规则，你们的规则是什么呢?"班长韩旭说："首先要照顾眼睛近视的同学，因为他们的确有实际困难，大家都应该关心他们。"

学习委员夏浩然说："还要考虑到学习成绩的差异，学习好的同学与学习吃力的同学排在一起，这样有利于结成'一帮一'的对子。"班上最爱干净的刘子宁说："我觉得男女生应该搭配坐，男生和女生坐在一起，男生会注意讲究卫生一些，也会守纪律一些。”

刘子宁的话刚说完，教室里的气氛顿时变得热烈起来。“在没有特殊的情况下，就按个子高矮来排，这样，前面的同学就不会挡住后面同学，每个人都可以清楚地看到黑板了。”劳动委员站起来大声地说。平时内向的田雪竟然说出了自己的看法：“在排座位时，能不能考虑一下同学们的性格呢?”“对，让开朗的与内向的坐在一起。”立刻有人附和。“组与组之间的座位应该每半个月轮换一次，这样可以让每个同学的眼睛都得到调节，不会造成斜视。”谁知这个同学的话音刚落，赵智翔同学提出了异议：“我觉得所有人不能一概而论，我的同桌就应该经常坐在左边，因为他有向左斜视的习惯，经常坐在左边，可以强迫他向右看，有利于他眼睛的矫正。”

听了同学们的发言，我不禁有些惭愧。说实在的，同学们对这些细小问题的考虑比我还要周全。最后，我又不失时机地向大家提出了一个问题：“如果家长对座位提出异议或者要求特殊照顾自己的孩子那该怎么呢?”

“那有什么难办的，如果家长们能说出正当的理由，并征得全班同学的同意，随时可以调整呀！如果理由不充分，不管谁说都不行!”

看着一群可爱的孩子，看着一张张纯真的笑脸，我感到有些欣慰了。座位这个棘手、敏感的问题就这么解决了。接下来，在几个班干部的指挥下，经过一阵忙碌后，座位终于排好了。

让学生成为班级管理的主人，可以增强学生的集体意识和班级凝聚力，而且可以使学生获得班级管理主人的积极体验，从而激发学生主动参与班级管理的积极性，并从管理者的角色中学会管理他人，学会自我管理。学生排座位的过程，是学生自主管理的体现，更是学生自我教育的过程。为了公平、合理地排好座位，学生们懂得了要关心他人，特别是注意那些需要照顾的人；他们还考虑到座位要促进同学之间相互帮助、相互制约、相互补偿；不仅如此，他们还学会了如何辨证地、多视角地考虑问题，既坚持了原则，又能具体问题具体分析，灵活机动地处理问题。在互动中，他们感受到了集思广益的优势，意识到了每个人的价值，学会了尊重，学会了倾听和表达……试想，如果这一切由班主任包办，这可贵的教育契机只能失去。从这个意义上说，什么是教育？教育是给学生体验做事做人的机会！

教师和班主任的组织管理能力的关键是培养学生的自我管理能力。除此之外，还表现在以下几个方面：

（1）善于恰如其分地确定素质发展目标，制定个人发展规划，使其具有可行性；

（2）善于处理刚性管理与柔性管理的关系，使其具有辨证性；

（3）善于营造物化的课堂环境与心理环境氛围，使其具有熏陶性；

（4）善于组织策划各种教育活动，并利用各种评价反馈系统进行监督调控，使其具有高效性；

（5）善于针对学生特点，激发学生形成自我教育与管理能力，实现管理的自主性……

上述这些都是教师和班主任组织管理能力的有机组成部分，是其专业能力中最核心的能力。有了这种能力，学生就会迅速成长，形成集体的凝聚力。

（二）驾驭课堂的能力

驾驭课堂能力是一个优秀教师必备的条件，只有在课堂上面对突如其来的敏感而又尖锐的问题，能够用自己的智慧使问题迎刃而解，及时把握住生成性教育的教师，才是新时期下的合格教师。

一次英语课上，当老师朗读一首浪漫的散文时反复出现了“I love you”这个句子。有个调皮的学生要求老师用中文翻译“I love you”。这在学生中是一个敏感的语句，老师思考片刻，转身从容地在黑板上写下“I love you”。而后他问学生“I”是谁？学生答：“是我。”“那我又是谁呢？”学生经过思考回答：“是老师！”“很好！”老师说。并在“I”后板书“老师”。而后又问：“you是谁呢？”“you是你。”“你又是谁？”“是学生。”老师即在“you”下板书“学生”，而后在“love”下写了个大大的“爱”字。老师说：“那么我说‘I love you’可以翻译成‘老师爱学生’，爱是神圣的，老师爱学生，学生也爱老师，当然爱有许多种，有父母之爱、亲朋之爱、师长之爱也有恋人之爱。”

这样一个敏感问题，因这位老师妙用智慧迎刃而解，没有批评斥责，没有放任自流，让学生在民主的气氛中感受到爱的圣洁，这是智慧的引导，也是一个优秀教师驾驭课堂能力的体现。

教师工作的对象是千差万别的学生，其家庭背景、所受家庭教育和社会影响各不相同，其个性差异很大，因此工作中常会遇到始料不及的偶发事件，因此，应变能力便成了班主任能力结构中能够体现教育智慧的能力。应变能力主要表现在以下三个方面：

1. 情绪的自控力

当偶发事件让你动怒时，能够迅速控制自己的情绪，约束自己的行为，使愤怒不至于随便发出。即使是出现了难以处理的事件，也能保持冷静，使自己永远处于清醒的、理智的控制之下。一位英语教师来到一所新学校任教，她班上有几个学生特别调皮。

第一节课，这位老师问学生：“当我说‘我很漂亮’的时候，是什么时态呢？”话音刚落，教室里就传出一声“是过去时”。

因为这位老师已经三十多岁，不再年轻。学生把英语中的时态问题，变成了对老师的刻薄的嘲讽。班里哄堂大笑，老师也有些尴尬。

少顷，老师平静地说："请同学们稍等。"然后匆匆走出教室。

学生们都以为老师是去请校长来"镇压"的。没想到，老师回来的时候，校长并没有来。

"我去办公室找了一张我年轻时的相片。"老师拿着自己的相片说，"跟相片比较，如果还说'我很漂亮'，确实是过去时。过去我的确很漂亮。'18 岁的姑娘一朵花。'所以刚才你们说的没错。"

教室里鸦雀无声。接下来，老师话锋一转，说："现在坐在这里的女同学，说'我很漂亮'，既是现在时，也是将来时。还有男同学说'我很帅，'也是如此。"

猛地，教室里响起了热烈的掌声。

这些调皮学生已经习惯了恶作剧之后的"镇压"。无论是校长来"镇压"也好，教师自己"镇压"也好，或许会取得一时效果，但学生内心依然故我，口服而心不服。师生之间的关系会变得更紧张，对立会更严重。

而这位教师独具慧眼，发现了一个教育学生的良机，把英语知识的教学变成了对学生心灵的教育。学生想象中的暴风骤雨并没有来，等来的是教师对他们的如此情真意切的期望，其所受的心灵震撼是可想而知的。

这位教师的语言不可谓不巧。语言是重要的交际工具，教学语言是一门独特的艺术。教师在教育教学中，主要通过语言工具与学生交流，教师只有充分掌握并运用好教学语言这一艺术，才能更好地履行教书育人的使命。但究其实质，是这位教师的内心充满了对学生的爱。教师的巧言，只是对学生爱心的真情流露。教师语言修养的程度，其实取决于思想修养和师德修养的高低；而如何从突发事件中，捕捉教育学生的机会，则来自于教师的教育机智。我们经常说，当学生的不能读"死"书，其实，作为教师，也不能教

“死”书。处处留心，处处有心，便处处是教育学生的良机。

2. 事件的判断力

对偶发事件中的新问题、新动向有敏锐的感受和观察力，对问题的性质能够作出迅速而准确的判断，这是处理好偶发事件的关键。

3. 处理问题的变通力

对事件性质作出判断之后，应立即选择正确的方法加以解决。变通力是应变能力最突出的特点。所谓变通，是指班主任能够根据事件的原因、场合和影响学生思想道德行为变化的各种因素加以分析判断，采取灵活机动的战略战术，以达到因材施教的目的。即根据变化了的情况而变通教育要求，变换教育方法，选择教育时机等。如果发现自己对事件的处理有误，可公开表示歉意或自搭台阶，暂时退却。这些都是应变能力的体现。应变能力还与自己的观察力、思维能力有直接的关系。

有一次，一位老师以成语“弄巧成拙”为作文题，搞写作练习。有一个同学没写，老师找他谈话，他说没有生活来源，写不出来。老师知道这个学生是在找没写的借口，但他也没多说什么。第二天上课，老师检查学生作业的完成情况，又检查到了这个学生。这个学生将本子递给老师。老师说：“写得很认真，字数也够。”接着老师合上本子，看了一眼这个学生，这个学生慌得不得了。原来他并没有完成作业，他拿的是同桌的本子，企图蒙混过关。老师说：“你什么时候改的名字，我怎么不知道?”顿了顿，又说：“什么叫弄巧成拙? 这就叫弄巧成拙。昨天让你写《弄巧成拙》，你说没生活来源，今天该有了吧? 今天课下写好后，明天上课前给我送去。”学生们都笑起来。这个学生羞得满脸通红，回到自己的座位坐下。课下，他将写好的《弄巧成拙》交给了老师。由于有生活体验，文章写得很好，讲评时，老师把它当做了范文。

面对学生的错误，教师该怎么办？这位教师做出了正确的回答：以一种智慧和一份爱心对待学生的错误。因为，这些所谓的错误里面往往蕴涵着学生产生的创新意识和创新能力。他们既是一种教育的资源，也是一次教育的机遇。换一种视角和思维，学生的错误有时也很美丽。这种美丽，需要我们教师在学生平时的错误中捕捉、挖掘和培养。

（三）教育科研能力

教育科研能力是指教师对教学工作中所出现的问题，能够在正确的教育观念指导下，运用科学的方法，通过实践解决问题，探索真理，揭示教育的本质和规律的能力。对教育科研能力，第三章已有所提及，现加以详细阐述。教育科研能力也是一种综合能力，它基本上是由以下五种相关能力组成的：

1. 设疑能力

教师应善于发现问题，提出问题，解决问题。教育科研始于问题，不能发现或提出问题，就谈不上教育科研。因此，教师要有问题意识。问题意识总是和人的求知欲联系在一起的。我国卓越的地质学家李四光说：“做科学工作最使人感兴趣的，与其说是问题的解决，恐怕不如说是问题的形成。”强烈的问题意识和设疑能力，可以激起人对事物的兴趣，可以驱动人探索未知世界。因此，教师的问题意识和设疑能力是提高教育科研能力的关键。

在教师的教育教学工作中具有多种情景性，在这种情景中，教师要善于发现其中的问题，并在这种情景中去探索问题、解决问题，古人说道：“学贵有疑，小疑则小进，大疑则大进。疑者，觉悟之机也。一分觉悟，一分长进。”在这种情景中，也会激发教师的创造性思维，强化研究意识。教师的设疑能力与其创造性个性品质有直接的关系。

创造性个性品质是人们创造性解决问题所必须具备的心理素质之一。它和创造性思维紧密地交织在创造的过程中，推动着人们从寻常事物中发现问题，提出问题，经过坚持不懈的努力拼搏使问题得到“新颖、独特的解决”。

有专家明确提出这样的结论：创造性个性品质和创造性思维能力的协同作用，形成创造力的心理机制。

当今世界最负盛名的创新教育专家之一，美国著名教育心理学家托兰斯对富有创造性个性品质特征进行了深入的研究。他发现，在智力大体相同的情况下，创造力强的人较之创造力低的人，在个性品质方面具有的明显特点是常有“打破常规，在特定模式之外”的见解，并积极实践自己的想法并具有“幽默、刻板性小、松弛”和独立性、创造性、批判性的特点。

从国内外许多专家的研究成果中我们发现，各个年龄层次的创造型人才，都不同程度地具有如下基本相同的创造性个性品质：

(1) 高度的独立自主精神，有主见，不盲目从众，不人云亦云，善于独立学习和工作；

(2) 坚强的意志力和坚持性，能执著地向既定目标奋进；

(3) 自信心十足，深信自己所做的事的价值，在各种困难与挫折面前不改变信念，始终坚信“我能行”；

(4) 思想活跃，想象力丰富，具有较强的创造性思维能力；

(5) 兴趣广泛，对任何事情都有强烈的好奇心；

(6) 洞察力强，能察人所未察，并能从中发现问题；

(7) 喜欢复杂的事物，敢于独辟蹊径，大胆探索；

(8) 富有幽默感，不刻板，对自己的经验具有开放性；

(9) 能容忍意义不明的情况和各种不同的见解；

(10) 具有冒险、进取和献身精神，不因循守旧，不唯书唯上，具有独创性和使命感。

教师就是要在实践中自我修炼这种创造性个性品质，以提高教育科研能力。

2. 反思能力

美国心理学家波斯纳提出了个关于教师成长的公式：反思＋经验＝成长。它表明教学反思是教师专业成长的有效途径。从教师专业发展的角度说，教师的成长离不开自我反思、同伴互动和学校文化的熏陶。而自我反思是最重要的，何为自我反思？它需要教师时刻保持一颗忠诚、明敏的心，需要对课堂上那些视而不见、习以为常的现象进行批判性审视，需要教师尝试在心底追问，追问自己的表现，追问学生的反应，追问教学过程的点点滴滴……正是以此为基础，教师慢慢成为一位行动研究者，进而找到自己专业成长的钥匙。作为教师，如果没有问学之心，没有自我反思，没有自主发展的意识，就不可能有专业的发展。

教师一定要在自己的教学实践中，坚持反思，在一次次的反思中提炼成功的做法，并对其进行梳理，结合教育理论的指导归结成一种有效的经验，在以后的实践中反复运用，这个过程就是教师专业成长的过程。“反思—实践”是教师专业发展的一种价值取向，它主张实践与反思相结合，正是在“反思—实践”中，教师的专业能力才会提高。能力的提升形成了新的工作经验，又指导着今后的工作，使自己不断地完善，在专业化道路上阔步前进。

3. 信息处理能力

有研究表明，信息处理能力是教师信息素养的重要组成部分。该信息处理能力主要包括九项指标：

信息素养：

标准一：能够有效地、高效地获取信息；

标准二：能够熟练地、批判性地评价信息；

标准三：能够准确地、创造性地使用信息；

独立学习：

标唯四：能探究与个人兴趣有关的信息；

标准五：能欣赏作品和其他信息，创造性地表达其内容；

标准六：能力争在信息查询和知识创新中做得更好；

社会责任：

标准七：能认识信息对民主社会的重要性；

标准八：能履行与信息和信息技术相关的符合伦理道德的行为规范；

标准九：能积极参与小组活动来探究和创造信息。（见《信息素养：e时代的学习教学的重心转移》，钟志贤，《师道》2002年2期）

学生的信息来源是多渠道的、非常丰富的、复杂的，而他们对信息的分辨能力又相对较差，这就要求教师保持教学的开放性并迅速提高信息处理能力以适应教学与学生教育的需要。

教师从事教育科研，更需要这种信息处理能力的支持，要广泛收集、筛选、分类使用与自己研究的课题相关的信息资料。包括别人研究的成果、撰写的论文，除认真学习之外，还要分析其中的不足，以便确定自己的研究方向和价值取向。

4. 创新能力

这种能力是在前两种能力基础上的开拓和创造。教育科研是一种创造性的认识活动，核心是创造。表现为不唯书，不唯上，不盲从；有强烈的求知欲望，对新事物、新思路有寻根问底的热情；能够独立思考，敢于提出自己的见解、主张；有勇于探索，敢为人先的科学精神。培养创新能力要从基础做起、从点滴做起，在教育改革的实践中锻炼。

有这样一个教学案例足以反映这位教师的创新能力：

一位聪慧的小学数学教师听到孩子们在用口琴吹奏一首动听的曲子——音乐课的作业。

改天，数学老师教孩子们“小数加减法”。孩子们已经学会了计算，正兴致勃勃地比赛完成黑板上整齐排列的几道小数点加减法试题。一会工夫，一组正确的答案用另一种颜色被特别整齐地排列在大黑板上。此刻，数学老师挥手在这排答案之间划了一条竖线，于是数字成了音符，小数点成了符号，一个个音节连成了一段乐曲。在学生一片惊讶的目光中，教师微笑着说：“请同学们拿出口琴，把黑板上这些计算结果当做乐谱，吹吹试试。”孩子们个个兴致勃勃，积极投入试吹，教室里响起一片欢快的音乐声。数学老师满脸笑容，认真地倾听，她的眼睛分明与那一串串音符在会神地交流。孩子们吹完了，眼里漾满了会心的笑意——不正是这几天自己天天在练的曲子吗，怎么这么巧，竟然是这些计算题的答案组成的呀！

数学老师没有解释什么，只是满含鼓励地问："喜欢这支我们大家'计算'出来的曲子吗?""喜——欢——""那就一起来吹吧，吹出最高的水平！"悠扬的音乐再次袅袅响起。仿佛农民辛勤劳作后，在田埂上小坐吹一吹凉风一般舒爽。

这是一位令人钦佩的智慧型教师。她细心观察，精心地将一串抽象、枯燥的计算结果，点化成一串学生熟悉的音符，把数学学习成果化做一种艺术形式，无疑是智慧的结晶。这不仅激发了学生的学习兴趣，还使学生终身难忘。

有人说"赞赏教育"是让学生心灵得以舒展的教育，没有人不喜欢"赞赏教育"。但是，如果有人仅把赞赏简单地理解为一种评价性语言，那么当我们在教育教学过程中，无数次地运用赞赏语言之后，是否会感到自身的一丝肤浅与学生接受上的强硬？假如我们能够在教学中，时刻以舒展孩子的心灵为目标，精心设计教学过程，把学生实践活动升华为富有冲击力的艺术行为，让学生在实践中燃起惊异的火花，激起探索的渴望，享受智力的满足，并在学习活动中调动学生心灵的参与，才是对学生最有价值的赞赏。

5. 具有较强的选题能力

教育科学研究过程是一个不断提出问题和解决问题的过程。问题的实质就是矛盾，问题是联结已知和未知的纽带。无论是教育理论领域，还是教育实践领域，人们尚未认识的教育事实和规律是复杂多样的，其中有许多的教育问题需要解决。但是，并不是所有的问题都能成为研究的课题，因此，选题是教育科研的第一步。

选题是研究者思维能力的表现。正确选题是教师进行科学研究的基本功，是衡量研究者水平的一个重要标志，也是研究者思维能力的表现。这是因为研究课题的选择与确定，要求研究者要以现代教育理论为指导，善于从教育理论与教育实践、教育现状和社会发展需要三方面的种种矛盾的分析中，发现、形成和提出一个有意义且有创新性的问题，这是研究者敏锐的洞察力、对形势的判断力以及胆识的综合反映。

专业能力是顺利完成专业性工作的重要条件。但是，任何一种单一的专业能力都不足以使专业工作顺利完成，而需要形成合理的能力结构。上述这几种专业能力是教师能力结构中的关键能力，其余还包括转化后进生能力、教育评价能力等，限于篇幅，本书不再做过多阐述。

第二节　修炼方法

教师专业能力的提高需要有针对性的专业培训和良好外部环境的熏陶，但归根到底还要靠教师的自我修炼，因为外因总是通过内因而起作用。我们很赞赏江苏省泰兴市焦荡小学谢道权老师选择“自给式”培训的方法，值得我们借鉴。

提到培训，不少教师都会想到一些部门组织的收费昂贵、形式单调、缺乏滚动性和针对性的各种培训，我这里要说的却是另一种“自给式”培训。“自给式”培训，顾名思义，即自己培训自己，自己给自己“充电”，具体途径有三：学习名师；细读精记；专业写作。

学习名师。都说“学习名师就是站在巨人的肩膀上”，作为农村小学教师，一没余钱二没机会，虽然无缘与名师面对面，但是网络却为我们搭建了亲近名师的桥梁，我先后在“教育论坛”中搜索并下载了许多名师的课堂设计、实录、教后感和教学录像等，并要求自己每天读其中两篇或看教学录像一节。在和名师不断的“对话”过程中，我领略着他们异彩纷呈的教学艺术；我体验着简单语文、深度语文、诗意语文、对话语文等流派各鸣佳音的教学理念；我学习着导入、提问、点拨、结课等环节独树一帜的教学策略……饥渴的我一点一滴地吸取着名师的“真经”，是名师一步一步引领着我走向博大、智慧和成熟。

细读精记。作为新时代的教师没有书香气息是绝对不行的，教师只有“好读书、读好书”，才能跟上教育改革的步伐，才能用榜样的资格和力量引领学生在书山学海中流连，才能以一池清澈而富含“矿物质”的有源活水，引领学生在知识和精神的世界里徜徉。既读专业性的学科著作，也读综合类的“课外闲书”；既读短小的“豆腐块”，也读高深的“大部头”。我读教育专著《语文科课程论基础》《给教师的一百个建议》，读“闲书”童话《一千零一夜》《乌丢丢的奇遇》，还读自费订阅的《读者》《江苏教育》《小学青年教师》等。我一边读，一边认真地做摘抄和反思笔记……细读精记开阔了我的视野，启迪了我的思想，厚实了我的底蕴。

专业写作。有了“实践＋阅读”，有了“名师＋自己”，有了“摘抄＋反思”，专业写作自然而然地浮出了水面，普通教师也可以用专业写作向世界发出自己响亮独特的声音。我相信问题即课题，我知道行动研究、叙事研究和校本研究更适合一线教师，我告诉自己要做“有思想的行动者”，不做教书匠，争取成为科研型教师，我明白“教而不言，思而不写，必将行之不远”……因此，我写教育随笔、教育叙事、教学案例，也写教学论文。专业写作改变着我的行走方式，打造属于我自己的“教师品牌”，是它让我踏上了专业成长的快速列车。

毋庸讳言，“自给式”培训具有经济性、实效性和内源性等特点，它不需要本就捉襟见肘的农村教师再交纳昂贵的费用，更没有“他压式”培训中的“突击”和“应付”。给自己“充电”的“自给式”培训，是我的选择。

一、观摩中揣摩

教师的自主专业修炼理应向名师学习。目前各地区甚至学校都成立了“名师工作室”，为我们向名师学习创造了条件，我们要带着学习和工作中的问题虚心向名师请教，要经常听他们的课，看名师是怎样备课，怎样将教材读“透”的？怎样使教材的内容更贴近学生的实际？怎样整合教材中的资源，让学生学得更有兴趣、更轻松些？他们的教学设计怎样考虑学生的认知基础？是否遵循了学生身心发展的规律？学生在学习这一部分内容时容易出现什么问题，如何应对？学生的思维会在哪个地方卡壳，教师该如何引领？

二、反思中感悟

关于反思，在反思能力一节中已有较详细的说明，这里仅就通过对自己教学过程的反思来提高自己各方面能力的思考加以陈述。德国教育家第斯多惠有句名言：“凡是不能自我发展、自我培养和自我教育的人，也就不能发展。”教师要想真正实现自主专业发展，提高自己的专业能力，就应当养成自我反思的好习惯，在反思中发现自己能力的不足、知识的欠缺和观念的陈旧，并不断加以改进和提高。反思问题，找准原因，提出改进措施，进行再实践，是提高专业能力的有效措施。

（一）坚持课前反思

课前反思主要是通过对课前准备情况进行回顾，看看哪些地方准备得还不够充分，以便提高教学设计的能力。反思的主要问题是：

（1）是否读透了教材？

（2）如何使教材中的内容更贴近学生的认知水平和理解能力？

（3）是否有效地整合了教材资源，使学生学起来更加方便？

（4）选择的教学方法是否能使学生快乐起来？

（5）学生学习中可能会出现什么问题，该如何解决？

（6）预设的教学过程是否充分考虑了学生的自主探究与合作交流的情况？

（7）如果出现始料不及的偶发事件该如何应对？有无一些思想准备？

……

（二）坚持课中反思

课程进行中可能出现让自己不满意的情况，这时若能在自己的思想中作出迅速的反应，给予及时的补救，则是教师教育智慧的反映。教学过程中需要反思的问题包括：

（1）教师是围着教案转，还是围着学生转？

（2）教师是知识的转让者还是学生智慧的促进者？

（3）对于少数学生的反馈信息如何处理？教学信息与本节课内容关系是否密切？如何调整课堂节奏？

（4）课上学生的注意力是否集中？面对学生起伏不定的注意力，如何调动学生的积极性？

（5）教学中自己教得是否轻松，学生学得是否愉快？

课中反思与及时应对是教师各种能力的集中体现，也是提高教学能力的有效办法。

（三）坚持课后反思

课后，教师应集中反思以下问题：

（1）本课的重点难点讨论透了吗？

（2）学生主动参与率有多少？是否体现了以学生为主体？

（3）课上关注学生的个性了吗？学生哪些地方得到了提高？

（4）学生哪些地方的表现，出乎你的预料？原因是什么？

（5）哪些课前预设条件做了调整？效果如何？

（6）教学过程中哪些地方有新的生成？教师是怎样应对的？

（7）课堂练习中，习题梯度如何？下次再上这节课怎样改进，使课堂更加精彩？

一节课上完后要把反思的情况写成“课后小记”，课后小记写什么？于漪老师有三条建议：

（1）记自己的一孔之见；

（2）记教学中的疏漏与失误；

（3）记学生中闪亮的光点。

这三条值得我们参考。事实证明：即使是经验很少的年轻教师，在教学中也会有许多宝贵的发现，“千虑一得”正是此意。点滴的发现，即便是“一孔之见”，也是自己经验的结晶，把它及时记录下来，长期积累下去，就会得出规律，丰富自己的教学经验。另一方面，许多有经验的教师，备课再充分，课前设计似乎天衣无缝，付诸实践时，也难免出现疏漏，产生失误，如果教师能够及时发现，记录下来，并认真分析造成失误的原因，就能做到“吃一堑，长一智”，使以后的教学少出类似的失误。可见，坚持写好“课后小记”，的确是提高教学能力的有效办法。

三、实践中锻炼

教师专业能力的提高，必须植根于教育实践这块沃土之上。离开了教育教学实践来形成教育教学能力，无异于天方夜谭！诚如俗话所说：“要想学会游泳，必须跳入水中。”教师的各种专业能力，都是在教学实践中，在不断发现问题、解决问题的过程中锻炼出来的。

天津市津南开区葛沽第二小学的老师们在从事三年多的《班主任专业素养与和谐班集体建设》的实践研究中，不仅课题成员坚持案例研究，也带动了其他教师主动地开展撰写教育案例的积极性，学校形成了在实践中发现问题、积极反思、制订修正方案、根据新的方案再度实践的行动研究的浓厚的科研氛围。在此基础上，学校定期召开个案交流研讨活动，大大激发了教师科研的热情，一所小小的农村小学，竟然成为全区学习的榜样。刘学菊主任介绍的生动案例和他们开展案例研究的丰富而实用的经验使各校领导赞叹不已，正是这种在实践中研究，在研究中实践的做法，不仅提高了教师的反思能力，而且也大大提高了班级组织管理能力，和谐班集体迅速形成。

四、错误中修正

江苏省江都市杨庄中心小学高乃定老师，其敢于言败、不断探索、积极提高教学能力的精神值得我们学习和借鉴：

教学《二氧化碳的性质》一课时，学生通过观察实验认识了二氧化碳的性质：二氧化碳是一种无色、透明的气体，它不支持燃烧，比空气重，能使澄清的石灰水变浑浊。在认识到二氧化碳能使澄清的石灰水变浑浊的时候，学生把澄清的石灰水倒入装有二氧化碳的集气瓶，振荡过后石灰水并没有变浑浊，这是怎么一回事呢？

于是有学生提出，可能是石灰水少了，我便给他们加了一些，可还是没效果。又有学生提出可能是二氧化碳少了，于是我又发给他们吸管。学生知道人呼出的气体中含有二氧化碳，便向石灰水中吹气。可折腾了好长时间还是和刚才一样。实验失败了，学生一脸的困惑，这可怎么办呢？要知道课堂后面还坐着评估组的老师呢。

这时我已经知道是石灰水的问题了。坦言失败是最好的选择。于是我对学生郑重地说："这次实验失败了。"学生"啊"的一声。"失败了并不可怕，关键是要搞清楚究竟哪里出了问题。"我接着把制作澄清石灰水的过程向学生做了介绍，学生立即对此实验进行了诊治。

"可能是石灰水的浓度太低了。"（进行猜想假设）

"我觉得还是和二氧化碳的多少有关系，人呼出的气体中二氧化碳的含量也不高。"（坚持自己的看法）

"老师用的是干的熟石灰调制成的石灰水，恐怕应该用生石灰，我看人家煮石灰用的就是那种生石灰。"（根据生活经验联想）

“这种石灰水已经和空气中的二氧化碳起过反应了，所以课堂上的实验就失败了。”（细致地分析）

“也许老师瓶里剩下的石灰水能够做成功，那里的石灰水的浓度高一些，又没和空气发生太多接触。”（提出新的建议）

听了这几位同学的建议，我提议学生用瓶里剩下的石灰水再做实验，实验果然成功了。

实验遭遇失败，教者要尽力挽回；到无可挽回时，要敢于言败。要让学生知道：失败并不可怕，可怕的是失败了却不敢去承认失败。这时，教者要相信学生的能力，不要急着帮他们找原因，让他们自己先来诊断。正如一位名师所云：“低估学生的能力比高估他们更可怕。”在学生摸不着边际时，教师再给予他们适当的帮助，以免学生失去探究的信心。

学生在实验过程中，遭遇到的不管是成功，还是失败，都是一种宝贵的体验。他们所经历的挫折、情感上的波动，会令他们难以忘怀。经过再一次的实验过程，他们的观察能力、逻辑思维能力得以发展、提高，科学的学习方法得以形成。此外，他们也受到认真细致的科学态度的教育。这不正是“一箭三雕”吗？

五、科研中修炼

参与教育科学研究，是教师提高专业素养的最有效的途径之一。这已经被大量的事实所证明。其实道理很简单，让我们读一读天津市津南区双桥河第二小学郑兆会老师的深情感受吧：

记得刚参加工作的几年里，我似乎被魔鬼迷住了心智，对学生的错误使用的教育方法就是一味大声批评，甚至“破口大骂”，那劲头，俨然一个肩佩红箍儿、振臂高呼、誓死保卫自己班级荣誉的“革命战士”。那几年间，我虽然埋头拼命地工作，但自己的专业素养、师德水平、育人理念……一直停滞不前，更让我苦恼的是不被学生喜爱。

我也因此而苦恼，更加拼命地工作，但不见效果。自从参与了中国教育学会“十一五”重点课题《班主任专业素养的现状与发展》的研究以后，我有意识地在研究课题、研究学生的同时，也在不断地发展自己。几年下来，从以下几个方面都有了超乎自己想象的提升。

第一，在研究中，提高了理论素养，转变了教育观念。

以前，我把目光一直盯在学生的分数上，把精力都投入到监督学生的学习上，弄得自己筋疲力尽，很少阅读教育理念的书籍，如今看来，这正是自己教育工作停滞不前的症结所在。参与研究以来，为了课题的顺利进行，我阅读了不少有关教育学生、提高学生创造性个性品质的书刊，这些书籍把我引入了一个广阔的世界。潜心阅读之中，我仿佛与众多古今中外的大教育家促膝谈心，他们告诉我许多令我终身受益的教育理念。苏霍姆林斯基恳切地说：“读书，读书，再读书，教师的教育素养的提高正是取决于此。要把读书当做第一需要，当做饥饿者的食物。要有读书的兴趣，要喜欢博览群书，要能在书本面前坐下来，深深地思考。”他还告诉我，“教师的教育素养的一个很重要的因素，就是要懂得各种研究儿童的方法”“在每个孩子心中最隐秘的角落，都有一根独特的琴弦，拨动它就会发出特有的音响，要使孩子的心同你讲的话发生共鸣，自身就需要同孩子的心弦对准音调”。大师的话犹如一根灵巧的指挥棒，在我内心之弦上拨出了一曲优美的音乐。

教育家陶行知先生说：“我们要活的书，不要死的书；要真的书，不要假的书；要动的书，不要静的书；要用的书，不要读的书。总起来说，我们要以生活为中心的教学做指导，不要以文字为中心的教科书。”老人的话听起来似乎很平常，其中所蕴涵的道理却是那么深刻。品味许久，我心中豁然开朗，老人是为自己的教学指明了方向。

爱因斯坦说：“学校的目标始终应是，年轻人在离开学校时，是作为一个和谐的人，而不是作为一个专家。”他似乎在婉转地指责我和像我一样不用大脑干教育的老师们，我们曾经那么无知、过激、蛮干、瞎干。我下决心：一定让自己的学生成为“和谐的人”。

在书的海洋中，我聆听大师们的教诲，既提高了自己的理论素养，更转变了自己的教育观念。

第二，在研究中丰富了专业知识，提高了专业能力。

说起来自己都觉得惭愧，干了好几年的班主任工作，连一个完整的队会课模式都记不清，更不用谈班主任真正的职责了。我一直把自己当做一个给学生灌输知识的布道者，以为只要自己加班加点“工作”，学生就会学有所成，自己就会成为“家长信赖、学生爱戴”的好老师了。

在参与研究中，通过对专业知识的学习，我渐渐明白了，班主任岗位不是教学工作的附属品，它是一个专业岗位，它不仅是教育学生健康成长的主要阵地，更是连接学校、家长、学生及科任老师的枢纽，其责任之重大，是自己从来都不曾想过的。“班主任是班集体活动的组织者、教育者、引导者。”品味着这句话，我心中真不是滋味，几年来，自己何曾给学生组织过什么创造性的班集体活动啊，每天只知道逼着学生“写、写、写，背、背、背”，弄得自己筋疲力尽不说，把小小年纪的学生折磨得厌学劲头十足。我不禁问自己：你到底是在育人，还是在害人？课题实施以来，我把班主任工作重心由教书转移到育人上来，第一步就是要用创造性的班集体活动吸引学生的兴趣，让他们爱学校，爱班集体，从而去爱学习。从“班级树”的建立，到“六一”文艺汇演中“千手观音”的问世，从“班歌”的出台，到学校艺术节上课本剧的幽默表演，无不体现了作为班主任的我在多么努力地用创造性的班级活动作为黏合剂，正在把我们的班集体牢牢地凝聚在一起，也展示出了孩子们的创造、表演才能以及对班级无限的热爱。听！“班歌”响起了：调皮和淘气我们曾有过，努力和拼搏的信念我们坚持着……这是孩子们在大声告诉我，他们长大了，更爱自己的班级了，也更快乐了……

通过系统学习了杨连山先生主编的《专业性岗位与班主任专业化》一书，我懂得了教师的专业素养的内容，增强了自我修炼的意识。在班主任技能比武大赛中，获得区级二等奖的好成绩。我撰写的一些论文、反思、教育个案也获得了区、市乃至国家级的奖项。

第三，在研究中形成健康心态，提升了师德素养。

师德是教师的核心素质，教师只有具备了良好的职业道德（师德），才能真正担负起教书育人、为人师表的重任。同样，作为班主任更需要具备良好的师德。一直以来，我都在努力当一个让别人称道的良师，但由于我心态的不端正，所以自己把自己推向了良师的反方向。

课题实施以来，我通过在书籍中与名师对话，在生活中用心去呵护、观察学生，渐渐树立了健康的教育心态：不求名利，只求师生同乐。于永正老师在《把自己教成孩子》一文中说：“至今，我还孩子般贪玩，尤其喜欢和学生一起玩。”苏霍姆林斯基也曾说：“只有那些始终不忘自己也曾是一个孩子的人，才能成为真正的老师。”可见，一名优秀的班主任，应懂得与孩子同乐是衡量一名教师师德的重要标尺。在这种心态的引导下，我的课堂改变了模样，由“灌输式”变为了“交流式”，由“批斗式”变为了“幽默式”。我上课轻松了，孩子们的欢声笑语多了，他们的学习劲头在一天天高涨，学习成绩在一天天提高。正如宋代教育家王守仁说的：“大抵童子之情，乐嬉游而惮拘检，如草木之萌芽，舒畅之则条达，摧挠之则衰萎。今教童子，必使其趋向鼓舞，中心喜悦，则其进而不能已。譬之时雨春风，沾被草木。莫不萌动发越，自然日长月化。若冰霜剥落，则生意萧条，曰就枯槁矣。”看来，孩子有时是需要哄着学的。“哄”的最佳方法就是让学生感到老师爱他们，而与学生同乐正是拉近师生关系、让他们感受到师爱的绝佳方法。由于我的心态健康了，相应的，我的师德水平也提高了。“为人师表、敬业爱生……”这些师德的标尺在我健康快乐心态的映照下，慢慢显露出来。“百年大计教育为本，教育大计教师为本，教师大计师德为本”，我感谢这次课题研究的机会，它让我具备了自己以往努力争取但由于不得法而总得不到的师德。

14 年的班主任工作不算短，在这条道路上我留下的每一个脚印都铭刻在心，有的犹如尖刀，只要我一触及便会刺痛我的心；有的如巧克力，我一舔，就觉得甜到心底，但无论是哪一种脚印都会成为我今后班主任道路上的座右铭，指引我更好地完成我的班主任工作。我相信，我的成长之路决不会停滞在“教书匠”上。

第五章 师风修炼

“百年大计，教育为本；教育大计，教师为本；教师大计，师德为本。”然而，一提到师德，都会自然地想到与之连在一起的一个词“师风”。

师风是教师这个行业的风尚风气。“师风”二字最早见于《北齐书·元文遥传》：“行恭少颇骄恣，文遥令与范阳卢思道交游。文遥尝谓思道云：‘小儿比日微有所知，是大弟之力，然白掷剧饮，甚得师风。’”所谓师风，即可理解为“教师的风度”。师风建设的核心应该是提高教师的文化素养和品德修养，提高教师的素质。

2004年12月16日，《人民日报》刊登了魏胜先的一篇文章，题为《靠师风赢得学生心》。正如魏胜先所言：“所谓师风，即教师从教的道德作风。学高为师，德高为范；学是师之骨，德为师之魂。”被誉为万世师表的孔子曾说过：“德之不修，学之不讲，闻义不能徙，不善不能改，是吾忧也。”倡扬高尚的师德师风，是中华民族的优良传统，是新时期教师教育的首要任务，是加强青少年学生思想道德建设的必然要求。

教师不仅是知识的传播者、智慧的启迪者、人格的影响者，也是道德的实践者和示范者。师德师风直接影响教育风气，关系教育形象，关系受教育者的健康成长。我国广大教师和教育工作者，尤其是工作在条件艰苦的老、少、边、穷地区的教师，数十年如一日，兢兢业业，无怨无悔；教书育人，呕心沥血；为人师表，无私奉献，在平凡的岗位上作出了不平凡的业绩，涌现出许多可歌可泣的模范人物，赢得了人民的信赖与全社会的尊重。但是在教师队伍建设和师德师风建设方面还存在一些不容忽视的问题，比如，个别教师缺乏敬业精神和奉献精神，工作不思进取，体罚或变相体罚学生，乱收费或变相收取学生费用，有的甚至无视党纪国法，见利忘义，在国家教育考试中参与团伙舞弊，败坏了教师形象。因此，我们必须加强师德师风建设，造就让人民满意的教师。

师德师风建设要坚持以热爱学生、教书育人为核心，以敬业爱岗、为人师表为基本准则，以阶段性职业行为禁行规定为底线要求，以终身学习、无私奉献为理想追求，使师德师风建设工作的关键环节和主要内容具体化、规范化、制度化。广大教师要模范履行《教师法》赋予的职责和义务，按照《师德规范》的要求，爱岗敬业，无私奉献，依法执教，廉洁从教；要模范践行陶行知先生“捧着一颗心来，不带半根草去”的崇高精神，守得住清贫，经得起诱惑，自觉抵制社会不正之风的影响，无愧于“人类灵魂工程师”这一神圣称号。各级教育行政部门和学校要建立健全教师职业道德考核评价制度。通过学生评教师、家长评教师、教师互评等形式，定期评议师德师风，并将考核评议结果作为教师聘用、职称评定、晋级、表彰的重要依据，并注意发现和培养师德先进典型，树立师德标兵。同时，加大对违反职业道德教师的惩处力度，坚决将少数害群之马清除出教师队伍。

有人民满意的教师，才会有人民满意的教育。师德师风建设是一项社会系统工程。各级政府和社会各界要把尊师重教同要求教师教书育人紧密结合起来，进一步维护教师的职业尊严，保障教师的合法权益，积极为教师办实事、办好事，以社会对教师的关爱之情去滋润教师对学生的关爱之心。

“十年树木，百年树人”，踏上三尺讲台，也就意味着踏上了艰巨而漫长的育人之旅。怎样才能做一名好教师呢？笔者认为，热爱学生、尊重学生是教师最基本的道德素养。一个教师只有热爱学生，才会依法执教，无微不至地关心学生的健康成长；才会爱岗敬业，乐于奉献，竭尽全力地去教育学生；才会自觉自愿地约束自己，规范自己的言行，更好地做到为人师表、廉洁从教。

我国现代教育家夏丏尊说：“教育之没有情感、没有爱，如同池塘没有水一样。没有水，就不能称其为池塘，没有爱就没有教育。”教师面对的不是冷冰冰的产品，而是一个个有着鲜活生命、正在茁壮成长的孩子。如果说智慧要靠智慧来铸就，那么爱心要靠爱心来成就。在我们的身边，许多教师敬业爱生的事迹常常感动着我们，尤其是那些班主任，他们是真正将自己的心掏出来给孩子们的，这样的教师怎能不赢得学生的爱戴！

古代教育家早就提出“有教无类”，“同在一片蓝天下，孩子们应该有同等的受教育权利”。热爱一个学生就等于塑造一个学生，而厌弃一个学生无异于毁掉一个学生。苏霍姆林斯基曾花十年时间，将一名有偷窃习惯的学生培养成一名成功的农庄主席。每一位学生都渴望得到教师的爱，尤其是那些家庭有过特殊变故的学生，容易形成特别性格，这就要求教师真诚相待、热情鼓励、耐心帮助，用师爱的温情去融化他们“心中的坚冰”，让他们在愉快的情感体验中接受教育。虽然我们无法像太阳一样，将自己的光辉撒遍世界的每个角落，但我们却可以像母亲一样，关爱自己的每一个学生。

值得思考的是：为什么老师对学生如此关爱，却得不到学生的理解和认可呢？高尔基曾说过：“爱孩子，那是母鸡都会做的事，如何教育孩子才是一件大事。”只有尊重学生，才能教育学生；没有尊重，就不可能有真正意义上的教育。在学生心目中，亦师亦友，民主平等，是“好教师”的最重要特征。具有爱心和具有知识，对学生来说，他们更喜爱前者。青少年学生特别渴求和珍惜教师的关爱，师生间真挚的情感，必定有着神奇的教育效果，会使学生自觉地尊重教师的劳动，愿意接近教师，希望与教师合作，向教师坦露自己的思想。让我们时常想想教育家们的谆谆告诫：“你的冷眼里有牛顿，你的讥笑中有爱迪生。”

新课程改革已全面铺开，其主要理念就是“以学生为本”，关注学生的主体地位，而尊重学生、平等对待学生、关爱学生是师生和谐相处的重要前提。每个人都有自己的尊严，每个人都希望得到别人的尊重，这是一种心理上的需求，但尊重是相互的。学生是有自己思想和行动自由的独立个体，被平等对待是一大愿望，能得到教师的尊重，对学生来说是一种极大的精神激励。尊重学生的实质是把学生当做和自己一样有尊严、有追求、有独特个性特长、有自我情感的生命个体，从尊重学生出发，建立新型的现代师生关系。教师要进行必要的角色转换，要从传统的师道尊严中摆脱出来，要从家长的威严中解放出来，要从“唯一正确的是师长”的假想中醒悟过来，学会倾听，学会理解，学会宽容，学会欣赏，懂得赞美，善于交流，成为学生成长的伙伴，成为学生成长的引导者和鼓励者，成为“孩子们的同志和朋友”。在学生心灵中栽下一棵尊重的幼苗，用爱心去浇灌，必将伴随其生命的成长竖起人格的参天大树。“万紫千红随风去，冰心一片载玉壶”，这就是一位普通教师的高风亮节！

雨果曾说过：“花的事业是尊贵的，果实的事业是甜美的，让我们做叶的事业吧，因为叶的事业是平凡而谦逊的。”教师所从事的就是这种叶的事业——平凡而伟大。“言必信，行必果”，行动实践远胜于说教。师风，体现在教师身上的，不是简单的说教，而是一种精神体现，一种深厚的知识内涵和文化品位的体现！其实，在日常的教育教学工作中，许多教师都在用行动诠释着师德师风的真正内涵。师风需要培养，需要教育，更需要每一位教师的自我修养！

第一节　修炼内容

一、讲台形象

21 世纪的中国，需要高素质的各类人才，而提高全民素质和培养各类人才的任务自然就落在教师的身上。

教师形象的美与丑，直接影响着学生的学习效果，甚至影响学生的成长，教师的语言、行为、仪态等都具有强烈的示范性，这种外部的形象又大部分体现在课堂教学上。

在课堂教学中，教师的课堂形象有着教育和审美的双重意义：一方面是教师专业知识和专业能力的展现；一方面是教师的言行举止和情感表露，并直接影响学生的个性发展。教师在课堂上，又自然地成为一个审美的客体，给学生以美的享受。

（一）学术形象

课堂本来就是传授知识的地方，教师应当用自己渊博的知识把学生引向无比丰富的知识殿堂，并借此开发学生的智力，提升学生的生命价值，为学生的终生幸福奠定基础。在学生的眼里，教师是知识的化身，教师的学术形象不仅是讲台形象的重要组成部分，也是学生崇拜的理由和直接效仿的榜样。因此，教师要以终身学习的理念，不断更新自己的知识结构，提高自己的专业知识，塑造自己的学术形象。

当然我们不能把课堂仅仅看做是传授知识的“知识课堂”，更应该是一种“生命课堂”。李志义教授讲：“我们现在的课堂过于知识化，把注意力过于集中于所传递的知识上。用冷冰冰的语言传递着硬邦邦的知识，忽视了活生生的人，忽视了人的感情、人的激情、人的好奇、人的兴趣、人的主观能动性。我们需要给学生讲人生的理念、道理等，把知识传授和生命教育融合在一起。”

对于一般教师来说，要想达到这样的境界，似乎有些困难。那么，李志义的绝招是什么呢？简而言之，“三要六忌”。

所谓“三要”。一要重视备课环节。备课时，教材是脚本，教师是导演，导演要对脚本进行再创作，才能编排出一场场精彩的戏，学生作为演员，才能更好地投入其中。二要重视课堂组织。在课堂上，教师既是导演又是演员，自己要演好戏，还要让学生看得懂，关键在于要让学生听得进去、看得明白、想得清楚、记得牢固。三要重视讲台形象。所谓教师的讲台形象分为有形和无形，有形在于教师的仪表，无形在于教师的内涵，内涵又在于真功夫。

所谓“六忌”则是忌背讲稿、忌避重就轻、忌简单提问、忌走捷径、忌不拘小节、忌不良习惯。其中，以忌背讲稿为例，讲课要根据准备好的素材和思路临场发挥，如果一味地按部就班，课堂容易僵化，学生很容易失去听课的兴趣。

“课堂的主角应该是学生，而不是老师。如果学生是演员，老师就应该是导演，导演的任务就是帮演员把戏演得精彩。”对此，李志义教授有自己的看法，“教学是一种缺憾的事业。每次上完课，无论你如何认真准备，总觉得有些地方还欠火候，还不到位。”

课常讲常新，课越备越难，“有时候，一节课用两三天的时间来准备都会感觉不够”。李志义认为，因为学生不再满足于聆听，而要追问，这时需要教师进行现场发挥，因势利导。为了以不变应万变，自己就要丰富备课内容，加大备课难度。

教师的形象代表着学校的形象，作为学校教育的主导者，教师的言谈举止、情绪情感、待人接物，都在自觉不自觉地影响着学生。“亲其师，信其道”，教师在学生心目中的形象魅力的高低，直接关系着教师的教学效果。因此，教师应从维护学校形象的大局出发，从关心教育教学的效果出发，努力提高自身的专业素质，重视形象艺术的运用，借助形象魅力吸引、影响、凝聚、感化青少年，做一个有形象魅力的教师。

（二）仪表形象

教师的讲台形象及其形象形成的魅力，有内在的素质，包括师德形象（本书第二章有专门论述）、学术形象，也包括外在素质，主要包括两个层次：一是人的相貌和形体，二是姿态动作、穿着打扮、风度仪表。这两个方面犹如一面镜子，把一个人活生生的面目展现在学生面前，产生直观的效果。教师要使自己博得广大青少年的青睐，必须注意锻炼身体，有一个健康的身体，工作起来才能朝气蓬勃，充满生机活力，从而发挥自身的潜能；精神萎靡、情绪低落、体弱多病、老态龙钟、形体佝偻者，不可能使学生激动，自然很难取得好的教学效果。

教师服饰、体态、仪表，对教学内容起着中性的刺激作用：教师得体的着装不仅使学生具有感官上的愉快、心理上的惬意，而且还使学生由于对教师仪表的好感进而对其所讲的内容产生喜爱之情，出现“爱屋及乌”的心理效应。也就是说，教师得体的衣着、仪表不仅是教师儒雅气质的外在表现，也是教师完善讲台形象的重要组成部分，而且能激发学生学习兴趣和学习积极性，同时能够提高学生的审美能力，从而能以教师为榜样养成衣着得体、行为文雅、语言规范的良好习惯，呈现出最佳的教学效果。因此，教师作为知识和教养的化身，必须对自己的仪表修养进行积极的、有意识的自我修炼，以便给学生一个美好的印象。

二、待生态度

笔者曾读过这样一篇小说，这是一位语言幽默风趣、富有教学机智、谦虚谨慎、平等待人的教师。读罢，便能领略到这位教师的风采。

学校请了一位名师给我们班上一节课。第二天早上8点整，名师准时出现在教室里，他30来岁，人长得清清瘦瘦，个子也不高，完全不是我们想象中的高大英俊的形象。

开课后，名师先来了一段开场白："同学们，大家好！今天，很高兴能和大家一起学习。等会儿，我讲课的时候，如果我讲得不对的地方，只管提，我这个人脸皮厚，大家不要担心我找不到地缝去钻。有什么问题想提问，可以随时举手，我的话也不是金口玉言，打断了也不用赔钱。如果你觉得我讲得不够好，可以看点儿闲书，也可以打瞌睡。不过我要提醒大家，尽量不要交头接耳，以免吵醒那些打瞌睡的同学，废话完了，言归正传……"

我在心中给这位名师的亮相打起了分，但分数不高。老师就该在学生面前树立起师威，怎么能这样嘻嘻哈哈呢?

名师没有带教案，手里只捏着一支粉笔，却把课讲得言辞活泼、生动有趣、章法分明。讲课间隙，还不时地穿插些互动游戏，让我们自己发现问题，提出问题，解决问题。课堂气氛极其活跃，始终没有出现看闲书和打瞌睡的现象。

临近下课的时候，名师又别出心裁点了几名学生，让他们谈谈这节课的收获。被点的学生都很兴奋，先报自己的名字，再讲收获。点到王旃的时候，出了一点儿意外。王旃没有老老实实报自己的名字，而是兀自走向讲台，在黑板上写下了"王旃"两个字，然后一脸坏笑地望着老师，说："老师，这就是我的名字。"

王旃是全班最调皮的学生，也不知道他的爸爸从汉语大词典的哪个旮旯里翻出了这么一个字，有好几次王旃就是用这种办法，让不少初上讲台的老师下不了台。这道难题我们班主任也碰到过，不过他没让王旃得逞，因为这一损招，班主任让他在教室后面站了整整一堂课。

现在轮到这位倒霉的名师了。名师看着黑板上的字，又看看王旃，温和地说："比脑筋急转弯还难呢。不过我也要行使一下我的权利，哪位同学帮我念一下?"

没有人搭腔，大家都屏气凝神。

"好……"名师转向王旃说，"这位同学，你的名字起得不错。不过老师很惭愧，这个字我也不认识，你能告诉我吗?"

名师的回答让王旃一愣，也让班上的同学和听课的老师一愣。迟疑了一下，王旃回答："王旃（zhān）。旃的意思是红色的曲柄旗。"

"嗯，寓意不错。"名师伸出了拇指，"谢谢你今天教了我一个字，你便是我的一字之师了。"说完，名师低下头向王旃深深鞠了一躬。

这大大出乎王旃的意料，也出乎同学们和听课老师的意料。片刻的宁静之后，教室里响起了潮水般的掌声。

这也不由得让人想起了美国著名的教育心理学家吉诺特博士说过的如下一段话："在学校当了若干年的教师之后，我得到了一个令人惶恐的结论——教学的成功与失败，'我'是决定性因素。我个人采用的方式和每天的情绪是造成学习气氛和情绪的主因。身为教师，我具有极大的力量，能够让孩子们活得愉快或悲惨；我可以是制造痛苦的工具，也可能是启发灵感的媒介；我能让学生丢脸，也能让他们开心，能伤人也能救人。"

当过教师，都有这样的体会：当我们一脸阳光地走进教室时，学生们的心情就会很舒展、很轻松；当我们一脸怒气地走近他们时，学生们则噤若寒蝉，生怕自己撞到老师怨气的枪口上；我们在课堂上以热情的语气肯定学生，以赞赏的眼光激励学生，他们的心里会充满幸福与喜悦，表现得很兴奋；我们指责、挖苦、嘲讽学生，则无疑是给他们心灵的天空蒙上一片沉重的乌云。

教师对学生态度的核心是对学生的关爱、尊重，态度既是内隐的，又是外显的，其表现方式主要有：

（一）语言方式

言为心声，语言是心灵的外壳。不同的语言表达不同的情感态度，教师应该善于用语言来表达自己的情感态度。如请学生回答问题时，应该用鼓励性、期望性的语言；学生回答正确时，应该用肯定性、赞扬性的语言；学生回答不对时，应该用谅解性、引导性的语言。这样的语言就比较容易产生心灵上的共鸣。

（二）动作方式

“情动于中而形于外。”一个人的情感态度往往有意无意地通过外部的表情动作而流露出来。同样的道理，教师应有意识地通过表情动作来表达自己对学生的态度，达到与学生心灵交流的目的。赞许的点头、会心的微笑、亲切的抚摸、赞美的手势等都可表达教师对学生的爱心和善意，使学生有被重视感和被关怀感。这里要特别强调微笑的价值。微笑是最能表情达意的面部表情动作。微笑能表达友好的态度，微笑能使学生感到轻松。借助微笑可以表达出教师对学生的积极态度，发自内心的微笑意味着：“我喜欢你们”“对你们的回答我很感兴趣”“和你们在一起我很愉快”以及“我相信你们也会喜欢我”。相反，如果一个教师不懂得微笑，那么学生可能会认为这个教师对他们并无好感，或者认为这个教师冷漠无情、不好接近。如此，师生心灵交流也就不可能发生了。

（三）眼神方式

眼睛是“心灵的窗户”。俗语说：“眼睛会说话。”就是指不用有声语言，眼神也能传递情感和态度。课堂教学中的眼神交流要求教师要积极地关注班上的每个学生，教师讲课时，眼睛应该与学生保持交流，使连坐在角落的学生都能感受到："老师看见我了，老师在跟我点头呢!"请同学起来回答时，教师更应全神贯注地、亲切地注视着他（她）。有些教师讲课时，眼睛往往只看着他的几个最得意的学生而忽视其他学生，使这些被忽视的学生感到受了冷落；还有一些教师往往只习惯看着前排的学生，不注意看后排或角落的学生，也使这些学生产生了自己不受重视的感觉。

在国内一次调查中，学生对不喜欢的教师进行了一番描述，其中有"不耐心""情绪不稳定""过于严厉""粗暴不讲理、讲话刻薄、讥讽挖苦人""表情严肃、不和蔼，整天脸无笑容"等内容。而美国一位教育家在对9万多名学生进行调查后，归纳出好教师的12种素质：（1）友善的态度——"他的课堂犹如一个大家庭，我再也不怕上学了。"（2）尊重课堂上的每一个人——"他不会把你在他人面前像猴子般戏弄。"（3）耐性——"他绝对不会放弃要求，直至你能做到为止。"（4）兴趣广泛——"他带我们到课堂外去，并帮助我们把学到的知识用于生活。"（5）良好的仪表——"他的语调和笑容使我很舒畅。"（6）公正——"他会给予你应得的，没有丝毫偏差。"（7）幽默感——"他每天会带来欢乐，使课堂不单调。"（8）良好的品性——"我相信他与其他人一样会发脾气，不过我从未见过。"（9）对个人的关注——"他会帮助我去认识自己，我的进步赖于他使我得到松弛。"（10）伸缩性——"当他发现自己有错，他会说出来，并会尝试其他方法。"（11）宽容——"他装作不知道我的愚蠢，将来也是这样。"（12）颇有方法——"忽然，我能顺利念完课本，竟然没有察觉到这是因为他的指导。"

显然，学生对好教师的评价主要是以教师的态度为参照标准的。教师对学生的不良态度被认为是对学生的"心灵施暴"或"心理虐待"：施暴和虐待有的是有形的，有的则是无形的。所谓有形的是指教师直接用语言、手势、强烈的脸部表情等来嘲笑、侮辱学生，使之受到伤害，既然是有形的，自然也就可以"捕捉"。而无形的则更可怕，更隐蔽。国外有的心理学家把这种无形的虐待称之为"看不见的灾难"。其主要形式有：（1）支配。教师在教学中不尊重学生的独立人格，随意支配、吆喝学生，从而使学生的自尊心、自信心受到伤害，心理得不到健康的发展，甚至生理发育也会受到阻碍。（2）冷漠。教师对学生缺乏热情，不为学生的成绩和进步而高兴，也不为学生的失败而难过。学生感到与教师形同路人，这种陌生感大大降低了学生的学习热情和乐趣。（3）贬低。这是一种糟糕透顶的心灵施暴，它大大抹杀了学生的存在价值。对于性格外向的学生，这是尤其残酷的打击。

新课程实施几年来，在“以人为本”的教育理念的强烈影响下，师生关系朝着民主化方向前进了一大步。教师对学生的态度也有了明显的改善，但是由于师道尊严传统文化的根深蒂固的影响，建立基于尊重体现发展精神的民主、平等、和谐、融洽的新型师生关系尚需不断努力。

作为教师更要懂得合作交流的重要意义。开敞胸襟，乐于交流沟通，不孤芳自赏，不自我封闭。与学生亲密交往，平等对话，真诚交流；同事之间、上下级之间坦诚相待，相互扶持。教师的成长离不开身边的长者、名师的指导和帮助，团结的力量、集体的智慧永远大于个人。豁然大度、宽以待人、不斤斤计较、不“同行相轻”也同样是一名好教师应具备的条件。

一位特级教师总结自己的待人之道：“念人之功，容人之过，学人之长，补己之短。”多么豁达的胸怀！剖析许多名师的成长经历，都可作为我们前进的灯塔，沿着名师的足迹，不断自我反思，在合作交流中不断提高自我。

三、仪表端庄

从心理学角度看，仪表是指人们在社会交往中用自己的视觉形象、听觉形象表达一定的思想、感情、意向的形式。教师的衣着、发式要体现鲜明的职业特色，这是对教师仪表的最基本要求。这种仪表特色能充分展现教师热爱生活、追求理想，具有良好的生活习惯和高尚文明的情操；而教师身上所体现出的审美情趣能给学生以美的享受，能潜移默化地影响学生，使学生在不知不觉中得到熏陶。

不论社会如何进步，不论时间如何改变，教师的仪表形象都应有以下几个特点：

（一）教师的仪表应具有美感

教师是社会的教师，是一定历史范畴中的社会角色。教师的仪表具有十分重要的示范作用。教师的天职是通过自身德、智、体、美、劳的素质影响教育下一代，每时每刻通过自己的情态、语言、服饰、行为精雕细刻一件件社会需要的艺术品；同时自己又是一件由上一代人塑造而成的传播美的艺术媒介。教师无时无刻不在向学生展现自己的美，以提高学生的审美趣味和审美力。学生每天有 1/3 以上的时间在学校与各位教师相处，他们好奇地对每位教师进行观察，自觉不自觉地向教师学习。教师的仪表对学生产生的教育作用是潜移默化的。

教师的仪表对教师获得威信有着重要的关系，与师生关系也有密切的联系。就是说，教师注重自身的仪表美，不仅仅是个人问题。在一定程度上体现了教师对他人、对社会的尊重，是自爱、爱人、热爱生活的一种表现。美育是个过程，情感感染是它的特点，潜移默化是它的规律，没有情感感染和潜移默化就没有美育。如果人们长期生活在美的环境中，不断接受美的陶冶和滋养，日积月累，在不知不觉中形成完美的高层次心理结构和心理定向，会对人的整个精神世界产生影响。

教师是人类精神文明的传播者和建设者，在教师身上应该体现出时代气息，不能过于保守、因循守旧、落后于时代的发展。当然，讲时代感，绝不是要教师处处赶“时髦”。

（二）教师的仪表要有职业感

教师的仪表行为要与教育教学的格调相适应，以便更有效地调动各方面的因素传情达意、相互辉映，使其能更好地与教育教学内容保持审美情趣上的协调一致。

教师的仪表行为要以学生的欣赏水平为前提。教师的仪表行为对教育有巨大的影响，教师仪表行为的每一变化，都逃不过受教育者的眼睛。作为一名教师，就必须要慎重地把自己的仪表行为调整到符合受教育者的欣赏水平上，必须在为人师表的宗旨下，服饰打扮整洁朴实、美观大方，充分地把自己的审美观点和精神风貌呈现给学生；言行举止，应谨慎谦和、文明礼貌；为人热情真诚、落落大方，为学生树立一个既值得尊敬、又和蔼可亲的形象。

教师的仪表行为还应与自己的性格特点相符，与年龄特点相符。人们在不同的场合对服饰有不同的要求，教师的着装要同职业相适应，服饰灌注精神，重在协调。如果将人与服饰看做一个整体，那么，首先就应该考虑与背景协调。在不同的场合着不同的服装，早已是很多人的共识，视具体情况，既可做“万绿丛中一点红”的对比，也可做“接天莲叶无穷碧”的烘托，但无论怎样，所选服装的款式、色彩，都应与所处环境的整体气氛相协调。在学校这个环境中，我们教师的着装应简洁大方、端庄典雅，既为人师表，又有助于营造宽松和谐的学习氛围。应该说服饰的审美价值，一方面是通过服饰的整体设计创造出来的，另一方面则是通过与穿着者完美结合而体现出来的。所以，应该对自身的各方面因素有整体的把握，使外在包装更好地体现出内在的神韵。人的仪态千差万别各具特点，很难用某种模式框定出来。只要自己多一些自信，多一些协调，便会找到适合自己的最佳装束，穿出个性，穿出风格，真正做到“衣如其人”。

（三）从头到脚的服饰的整体和谐

包括上下的协调以及与种种附件和装饰品的协调，如领带、丝巾、胸花、纽扣、眼镜等。各种服饰给人的第一印象就是色彩，因此，首先应该讲究色彩的整体和谐。不论是同种色、类似色的组合，还是对比色的搭配，都要有一个主色调，做到基调清晰、主次分明、相互辉映。另外，服饰各部分的造型、发型也要注意协调统一，以达到整体的和谐与完美。

任何社会角色都必须自觉地将自己置于一定的社会伦理道德和社会生活规范之中。教师要力求做到仪表整洁、举止端庄、表情愉快、风度文雅，在社会伦理道德所统辖的风俗、习惯、礼仪、时尚和社会生活所涉及的规章、制度、纪律及守则各方面成为“模特儿”。

端庄的仪表，足以折射出一个人高贵的精神品质。端庄的仪表，并不是你的浓妆艳抹，也不是你的奇装异服。那样的话，你的人格就低了，你的本质就不复存在了，你的精神世界就空虚了。真正的仪表端庄，应该是衣冠整洁、彬彬有礼，是从容豁达、大度，是永远朝气蓬勃、神采奕奕。

教师仪表是整个教师风范的内容之一。尤其在中学和小学，学生善于模仿，教师的仪表对于学生审美观的形成起着重要作用。

仪表是指人的外表，它包括衣着、发式、举止和姿态等。然而这其中又不乏这样几条标准——整洁、大方和风度。

所谓整洁，也就是整齐和清洁，教师的衣服不论其质量好坏、新旧如何，都要做到端正、妥帖，衣服要洗干净，每颗扣子都要扣好。这样，即使衣服穿得很朴素，款式已陈旧，质料也一般，但仍会给人以清新、高雅之感，令学生感到可敬可亲，无形中成为学生学习的榜样。

所谓大方，就是在服饰、发式方面不要过分追求时、新、华、美。一般说来，教师的服装式样宜重明快和自然。衣服色彩不宜太鲜艳、太刺眼，而应以素雅、含蓄、稳重大方为好。因为一个教师如果经常打扮得花枝招展、浓妆艳抹，将会分散学生学习上的注意力，并有可能成为一部分学生议论的话题，这样，会影响教学的效果和自己的威信，所以是很不可取的。

所谓风度，是指一个人的精神气质、举止行为以及姿态等方面的外在表现。教师的举止姿态，总的要求应该是稳重端庄和落落大方。

总而言之，一位教师在任何场合都应自觉地保持良好的仪表，待人接物严肃而温和，举止态度谦恭而自信，这样，方能得到学生的爱戴和社会的尊重。

笔者在报端曾读到这样一条消息：手机不能进课堂，染发不能太夸张，与学生谈话要用“请”……《南京市中小学教师礼仪规范》正式试行。据悉，对教师仪容、仪表和言行举止加以明文规定尚属首次，而这样的新规受到不少学生和家长的称赞。

据了解，《南京市中小学教师礼仪规范》要求：老师的仪容仪表要清新端庄，衣着体现职业特点，清新端庄，整洁美观。发型简洁，发色自然，妆容得体，饰品搭配协调、雅致。言谈举止要文明大方，接待家长热情有礼，做到来有迎声、问有答声、去有送声。尊重家长，与家长交谈谦和、诚恳。老师要关心爱护学生，对学生一视同仁，经常和学生交流，倾听学生心声；不歧视、讽刺、挖苦、体罚学生。按时进课堂，学生起立时教师及时还礼。上课时教师目光亲切、有神；站着讲课，与学生交流，多用“请”字；不拖堂、不提前下课。

另外，还特别在通讯问题上对老师做了严格的约束。比如，老师上班时间不许煲电话，不上网聊天、玩游戏；不携带通讯工具进课堂；会议期间，手机置静音或关闭，不接听手机，不发送和阅读短信。“如果课堂上老师手机铃声响了，就是教学事故。”南京下关区姜家园小学张克良校长告诉记者，现在社会对教育的要求越来越高，老师也必须转变观念，提高自身的素养。“虽然每个人穿什么有自己的自由，但老师是特殊群体，如果穿得太暴露或夸张，会分散学生注意力，给学生造成不良的影响，所以我们建议老师不要穿吊带衫，裙子最好要过膝盖。另外，以前老师有时候忙起来、急起来会不太注意对学生及家长的态度，现在要求老师要注重沟通的平等性，也对老师的工作提出了更高的要求。”

值得注意的是：端庄的仪表，足以折射出一个人高雅的精神品质。端庄的仪表，并不是你的浓妆艳抹，也不是你的奇装异服。那样的话，你的人格就低了，你的本质就不复存在了，你的精神世界就空虚了。真正的仪表端庄，应该是衣冠整洁，彬彬有礼，从容豁达，是永远的朝气蓬勃，神采奕奕。

四、注重礼仪

礼仪教育，如果一味“填鸭式”地说教灌输，会使孩子感到乏味，甚至产生抗拒心理。如同栽培植物，学生礼仪教育必须有一个自然的过程，自然才和谐，怎样让学生的礼仪在和谐中自然地养成？我们需要准备土壤、肥料，充分利用阳光和水分，顺应内在的生长规律，激发种子的内在力量，让种子在肥沃的土壤与自然的环境中自由呼吸，快乐自主地发芽、开花、结果。

（一）优化礼仪环境，营造礼仪氛围

注重礼仪环境的创设。从校门到走廊，从外墙到室内的版块，环境布置中处处体现礼仪教育的痕迹，一日活动时时融入礼仪教育氛围。如礼仪小天使们甜甜的声音滋润着每一位孩子和家长的心：“您好”“请进”“再见”；老师们用和蔼的笑脸迎来又送去一批又一批的孩子：“早上好”“再见”。孩子们徜徉在这个和谐、文明的大家庭中，快乐地呼吸着生态礼仪的自然气息，定将开放出一朵朵礼仪之花。

（二）重视榜样示范，巩固礼仪行为

教师是学生的榜样，“教子千遍，不如自己做一遍”，在与学生、家长甚至同事的交往中，教师以“请”“谢谢”等礼貌言行进行言传身教，“以身作则，正己化人”。我们的“为师卡”“为友卡”，正是每一位教师礼仪修养的体现。其次，可以充分发挥学生同伴的榜样作用。

（三）注重活动渗透，内化礼仪品质

充分挖掘校园内一日活动各个环节中的礼仪教育内容，制定学生一日活动行为标准，使礼仪教育更贴近学生的生活和需要。可以把礼仪教育的内容

编排成朗朗上口的“三字谣”，结合学生一日生活活动中的进餐、盥洗、午睡、饮水、如厕等生活活动，教育学生学会如何排队等待、怎样节约用水、进餐中不大声喧哗、不影响别人进餐、用餐后主动收拾餐具、注意个人进餐卫生等，养成时时处处讲文明的好习惯。还可以把礼仪教育渗透到各教育领域之中，如社会教育活动中：《去野餐》活动，让学生学会分享；语言活动《孔融让梨》教学生懂得谦让；节日活动《爱妈妈》等，使学生知道爱父母、爱长辈，从小就有一颗感恩的心。

我们常说教师是人类灵魂的工程师，教师承担着教书育人、为人师表的重要职责。但很遗憾，教师们往往在教学中忽略对自己的礼仪要求，也忽略了一名教师应尽的责任。几年前，听到这样一个故事：

> 某市举行课堂艺术研讨年会，授课的优秀教师展示了他们在教育教学上的研究，也展示了他们个人的风采与气质。但有一位教师的教学细节却给大家留下深深的思考。当时公开课在阶梯教室里举行，教室是那么的空旷，只有使用扩音设备才能保证听课者能听到师生的话语。于是教师身上佩戴了随身话筒，而学生们则只有两个无线话筒，回答问题时必须递来递去。很显然，那位上课的年轻女教师优雅的气质与和蔼的态度让人叹为观止。但随着时间的流逝，眼看来不及完成教学任务了，女教师的和蔼被急躁所取代。当回答问题的学生等待别人传递话筒时，她边催促学生，边伸出手去接话筒，不慎把那位传递话筒的学生推了一个趔趄，险些摔倒。在听课教师的一片惊呼声中，女教师才意识到自己的失态。

我们时常感慨自己与优秀教师之间的差距，感慨优秀教师对课堂的控制，对教材的理解，但不知有没有想过，我们与优秀教师的差距只是在那一个“趔趄”之间……

“振兴民族的希望在教育，振兴教育的希望在教师。”教师不仅是教书育人的园丁，而且更应是传承文明的导师、以身作则的楷模。教师礼仪，是教师角色意识与职业道德意识在工作实践中的外在表现。因此，注重教师礼仪修养，是加强教师职业道德的关键所在。然而，教师礼仪的培养不能落在外在表现的层面上，而应深入到我们教学的每一个环节。也只有在每一个细节中都表现出自己的礼仪修养，教师的内在修养才能真正地感染每一位学生，这才是教育的真实内涵。

五、作风民主

现代教育倡导教育民主作风。教育民主作风的基本原则是承认师生人格平等，强调尊重、信任和理解学生，懂得维护学生的人格尊严。为此，要善于与学生做学术思想的平等切磋，并虚心听取学生的意见，吸取学生的有益思想；要学会用欣赏的眼光看学生，善于发现学生的长处，并虚心向学生学习；要善于洞察学生的心灵世界，熟悉学生心理，学会用“心”与学生做平等对话，以达到师生的彼此理解。这是育人的根本保证和基本途径。

“今日的学生，就是将来的公民。”一个民主的国家，不能缺少具有民主思想的公民；一个缺乏民主意识的教师，也无法培养出具有民主精神的学生。因此，教育家陶行知先生呼吁每一个教师都应成为民主的教师，他认为作为一个民主的教师要做到五点：虚心；宽容；与学生同甘共苦；向民众学习；向小孩子学习。我们教师只有提高自身的民主意识，才能促进自身的发展，才不会阻碍教育的改革和进程。

（一）民主意味着平等和尊重

师生之间的不平等，深受传统文化的熏陶，由来已久。直到现在有的家长和教师仍然认同着一些不合理不平等的制度：教师体罚学生被认为是对学生的关怀；学生被要求绝对服从教师。这种地位的不平等，不仅不利于学生的独立性和创造性的培养，不利于学生个性的发展，也使得教师形成了师道尊严、高于学生的等级观念，同样也不利于教师自身的发展。民主的师生关系强调师生之间有着人格上的平等，教师要尊重学生的思想、情感和行为方式。教师的天职是公平地对待每一个学生，爱护学生，尊重学生，信任学生，关心学生，帮助学生，鼓励学生。学生也希望从教师身上获得人格的尊重，对自我的信心以及对前途的憧憬，而不是不平等的对待，甚至是讽刺和挖苦。如今的时代，信息的更新使得教师的知识容易老化，教师还要善于走下讲台，蹲下身子，与学生交流，向学生学习。教师的这种平等意识，就能够激发学生的奋发精神，促进教育质量的全面提高。

（二）民主意味着宽容和信任

陶行知先生认为，好教师需要宽容。但是在实际的教育中，为什么我们教师会拒绝宽容，甚至多次发生让我们为之震惊的对学生的“严厉惩罚”事件？不宽容的理由常常是“恨铁不成钢”，但结果往往是“欲速则不达”。宽容是要有时间代价的，教育也是一个循序渐进的过程。我们的教师为什么一定要选择这种急功近利的教育方法呢？真正的教育不是短期的强化训练，而是一个循序渐进的教化过程。在教育教学过程中师生应该是一种尊重、信任、理解的民主合作关系。教师应该信任自己，信任学生，努力营造一个宽容的教育氛围，给自己的成长以宽容，给学生成长以宽容。

（三）民主意味着创新和发展

陶行知认为：“创造力最能发挥的条件是民主。当然在不民主的条件下创造力也有表现，但那仅是限于少数，而且不能充分发挥其才能。但如果要大量开发创造力，大力开发人脑中之创造思维，只有民主才能办到，只有民主的目的，民主的方法才能完成这样的大事。”教师教学应营造民主的氛围，有意识提高学生参与的主动性，鼓励学生质疑、批评、争辩，提高其民主参与能力，使学生的人格、思维得以发展。

当然，对于民主我们还应该有更深的认识，民主意味着尊重但不是放任，民主意味着宽容但不是纵容。我们教师要把陶行知民主教育理论的实践融入我们今天所正在实施的素质教育的各个方面，将他的民主教育思想体现到我们每一个教师的身上！

现代教育提倡教师的教育应建立在民主、平等、友善的基础上，以说理疏导、循循善诱的方法，促使学生学业的进步和思想品德的提高，教师决不能以为学生是孩子而以“大人”“长者”自居，动辄以简单、粗暴的态度和施压的方法来对待学生，从而造成师生关系的紧张和对立，换句话来说，现代教育要求教师应该是一个民主型的教师。

什么样的教师才是民主型的教师呢?

第一，树立平等理念。民主型的教师知道，虽然就学科知识、专业能力、认识水平来说，教师远在学生之上，但就人格而言，师生之间是平等的；教师和学生虽然在教育中的职责和任务不同，但地位是平等的；学生虽然在个性特点、学习成绩等诸多方面有所不同，但在教师眼里他们的地位应该是平等的。民主型的教师在感情上和学生是融为一体的，他们与学生接触时总带着一颗童心。

第二，尊重学生。民主型的教师知道，尊重是民主最基本的标志。他们认为教育是心灵的艺术，教育过程绝不仅仅是一种技巧的施展，而应该是充满人情味的；教育的每一个环节都应该充满着对学生的理解与尊重。他们尊重学生，更会欣赏学生，他们总是努力地发现他们身上的闪光点（哪怕是一个微不足道的闪光点），并把这些闪光点放大，让每个学生都有展示自己才华的机会，让每个学生都在自己的每一次成功中获得自信；他们尊重学生思想的自由、感情的自由、创造的自由，在他们眼里，学生是活生生的、充满灵性的、自由的人，是未来的复合型人才。民主型的教师也会面对所谓的“后进生”，但他们始终冷静；他们总是把指责、批评、抱怨，换成启发、表扬与激励；尊重永远是他们教育词典里分量最重的、最精彩的一个词语。

第三，热爱学生。民主型的教师把学生视为朋友、亲人；他们对学生以诚相待，以情相待，以友相待，为学生着想，替学生办实事。他们热爱每一个学生，他们会从不同的视角、多维度的评价体系去看待学生，他们总是想方设法消除可能对学生产生的偏见；他们有着这样的理念：“不听话的孩子也是可爱的”。因此，他们总是全面地了解认识学生，了解认识他们的思想、情感和个性，从本质上认识学生，恰到好处地关心、爱护学生，使学生感觉到教师的关心，从而表现出学习等方面的积极性。

第四，与学生合作。民主型的教师知道，学生不但是他们在人格上、感情上平等的朋友，而且也是在求知道路上共同探索前进的平等的志同道合者。民主型的教师知道，“教然后知困，知困然后能自强也”。他们善于倾听学生的意见和要求，更善于虚心向学生学习，他们会以学习上的能者为师。民主型的教师总是鼓励学生质疑，鼓励他们独立思考、独立判断，他们要求学生不应“书云亦云”“师云亦云”；他们追求“青出于蓝而胜于蓝”的境界，他们在日常的教育教学活动中，积极营造教学民主的氛围，为学生提供一个宽松、民主的学习环境，在和谐融洽的气氛中与学生共同完成教学任务。

第五，崇尚真实。民主型的教师服从真理，倡导真理面前人人平等。他们不会不懂装懂，不会把无知变为真知，他们也会在无知面前毫不掩饰和彻底暴露自己，他们知道，一切不真实的东西必定是伤害自己的炸弹，总有一天要爆炸，真实品德永远受人敬佩。一位民主型的教师曾向我讲过这样一件事：

> 在一次世界科学讨论会上，一名记者问世纪原子量子论奠基人波尔：“你是如何教育你的学生，使得你的好几位学生也获得诺贝尔奖?”波尔答道：“我在学生面前无情地暴露自己的愚蠢。”接着，记者又问苏联科学家良道：“你又是如何教育你的学生呢?”答曰：“我无情地暴露学生的愚蠢。”两位科学大师的回答是如此的令人叹服！虽然，从表面上看，两人的回答完全相反，但实质上是一样的。不真实，是做人和做学问的天敌！

第六，具有创新性。民主型的教师知道，素质教育的核心是“为了每一个学生的发展”，重点是发展学生的实践能力和创新精神；他们积极倡导“自主、合作、探究”的学习方式，他们不再忽视对学生创新能力的教育与培养；他们明白“授人以鱼，不如授人以渔”，让学生更好地掌握捕捉新的知识信息的能力，比让学生掌握更多的现成知识重要得多；他们知道作为教师本身如果没有创新教育的精神及内容，是很难给学生起到榜样作用的。

第二节　修炼方法

一、学习教师礼仪

著名教育家叶圣陶先生说过："教育工作者的全部工作是为人师表。都必须具有高尚的道德品质和崇高的精神境界。"人民教师，肩负着培养人和塑造人的神圣使命。毫不夸张地说，一个民族的希望，是通过教师托起的。教师不但教人以知识，使人从无知到文明；教师更重要的是教人以德，使人学会如何做一个高尚的人。一个民族的素质直接折射出这个民族的教育程度，反之，要提高民族的素质就必须有一支良好的教育队伍。

在窦桂梅老师的《梳理课堂》一书中，对于"以怎样的形象站在讲台上"她主要谈了以下几点：

(1) 语言的感染。祖辈们形容教师是："两年胳膊三年腿，十年难磨一张嘴"，这句话不无道理。教师语言的感染作用——不仅美在声音，更美在内容以及精神等层面。

如果说讲解好比疏通乐章，那么，富有感染性的语言就好比拨动琴弦。无论你是激情澎湃还是小桥流水，只要学生感情之弦跃动起来，你就会和学生合奏出生命的乐章。

(2) 仪表的高雅。它是一种别样的美丽，而不是非要你打扮得花枝招展，穿得豪华时髦等。我们今天的学生较早就具备了审美意识，他们会因为教师的仪表端庄得体而产生好感，不修边幅的教师想让学生喜欢就很难。爱美的老师往往会讨学生喜欢，特别是小学生。“漂亮”的老师出现在他们面前——淡妆若现，着装得体，动作和谐，眼神含着浓浓的爱意，他们会被吸引，就会喜欢。当教师的仪表表现出美丽而高贵并形成气质的时候，它就像浓浓的书香，无时无刻不在浸润着学生的内心。

(3) 动作的恰当。教师要根据学生的年龄特点，动静结合，把“动作”艺术化、深刻化。比如一个孩子回答问题精彩时，马上竖起大拇指；一个学生溜号了，悄悄走到跟前摸摸他的后脑勺等。

如果像舞蹈演员那样，用形体动作无声传递所要表达的内容，那么，教师所传递出的对学生的鼓励、提示、点拨、示范等动作是多么动人的一幕——什么叫万语尽在不言中？也许这就是。

(4) 目光的力量。你的眼睛也许不美，可你的眼神往往就是最基本的或最高级的教育力量，它们往往会成为学生成年后回忆往事的窗口，甚至会成为指引他们人生长河的明灯。

当学生举手回答问题时，你的眼神告诉他，首先要注意倾听别人的讲话；当学生这次的回答让你特别高兴时，你赞许的眼神就像放大镜一样，扩大了他自信的面积。每个学生心目中的教师眼神都是不同的。他们在你的眼里感觉到了温暖、关心、理解、问候……

教师各方面的美不是单个呈现在学生面前的，而是和谐地交织在一起，构成教学行为“一连串影响”的体系——当教师的道德、学养、风采和谐地交织在一起的时候，就外化为丰满而富有魅力的立体形象。于是，有意无意间引领着学生向着美丽健康的方向去发展。

任何教师都不可能面面俱到。重要的是教师在发现自身优点、完善不足的同时，要凸显自己的个性——其他素质的补衬丰富，本色特长的充分发挥，就会形成教师别样的风格。如此，你便不是演员在演戏，而是在演绎着独具魅力的教师人生。在那些喜爱“追星”的学生心中，你将是璀璨的恒星。

万世师表孔圣人曾经说过：“君子不可以不学，见人不可以不饰。不饰无貌，无貌不敬，不敬无礼，无礼不立。”意思是说君子不可以不修饰自己，否则就是没有仪表，就不能得到别人的尊敬，无法被人以礼相待，无以立身于世。作为当代的人民教师，我们在仪表上怎能输给古代的君子呢？

教师礼仪，为教师提出了哪些具体的要求呢？

（一）关于教师服饰

服饰包括服装和饰物。这里首先讲教师的服装礼仪。服装有三个基本功能：第一个功能是实用，第二个功能是表示地位或身份，第三个功能是显示审美水平。教师着装礼仪包括以下四个要点：

1. 符合身份

这一要点要求教师穿着不仅要注意年龄、性别之别，更要强调的是教师这一特殊职业“为人师表”的要求。其基本要求是整洁、大方、端庄、得体。

首先，衣服应合身，通常要求袖长至手腕，裤长至脚面，裙长过膝盖。

其次，必须保持整洁，尤其是领口与袖口处要保持干净，还要注意别让衣服起皱，那种不修边幅的教师形象会被学生所逃避、耻笑，甚至厌恶。

第三，教师着装应高雅大方，款式简单，线条自然流畅，如此方显出教师的精神涵养。

2. 扬长避短

根据个人不同的体形、身材特征选择合适的衣服面料、色彩、式样，以达到扬长避短之效果，能够显示出一位教师的审美情趣和审美水平，同时能够增添教师的自信，并给学生带来美的感受，培养学生的审美能力。

有些基本的常识必须掌握，比如，身材偏胖的人衣服颜色宜深，条纹宜竖不宜横，色彩宜简不宜杂，大小宜松不宜紧等。

3. 区分场合

这一要点要求教师将“上班面对学生着装”与“下班在家”或者“假期外出度假休闲着装”区分开来。面对学生，应尽量穿得庄重一些，而在家或外出旅游时，则可以以舒适自然为宜，比如，有的教师早上锻炼后穿着运动服进教室，虽然在操场上给人以精神抖擞的印象，但在教室里给人的感觉就有些别扭。还有的女教师，身穿紧身皮衣脚蹬高筒皮靴，一副“女骑士”形象，也是不适合站在讲台上的。在家里，则不必直到睡前都是西装革履，而爬长城时穿着套裙既不方便也显得不伦不类。

4. 遵守常规

常规是大家约定俗成的一些规矩。概括起来，教师上班着装一般有四大禁忌。

第一个禁忌是忌过分杂乱。比如，女教师上穿西装，下穿休闲裤，脚穿高跟拖鞋，明显杂乱，不伦不类。

第二个禁忌是忌过分鲜艳。一般说来，教师，无论男女，全身衣服颜色不宜超过三种，尤其是男教师穿西装的时候，包括上下衣、衬衫、领带、鞋子、袜子，甚至皮带、公文包在内，全身颜色应在三种之内，而且，鞋子、腰带和公文包应该同一颜色，还有就是西装袖口的商标应该拆除。

第三个禁忌是忌过分暴露。一般要求教师做到“五不暴露”：不暴露胸部、不暴露肩部、不暴露腰部、不暴露背部、不暴露脚跟。

第四个禁忌是过分透视。尤其是女教师，内衣的颜色、款式、长短、图案等不能让人透过外衣看到。

接下来讲讲教师佩戴饰物的礼仪。

饰物，有的仅是装饰作用，如耳环、项链等。有的既有装饰作用，还兼有实用功能，如手表、提包等。教师的饰物佩戴或使用一般要注意以下几个方面：

一是以少为佳。女教师佩戴一块精致的符合自己个性、品位的手表，既能为上课把握时间，同时也是一种得体的装饰。若戴戒指，则最多一枚。站在讲台上面对学生时，最好不要过多地佩戴耳环和项链。

二是要注意同色同质。饰物的色彩、款式、质地应该趋向一致，注重协调，切忌杂乱，防止花哨。

三是要符合习俗。例如，佩戴戒指，我们一般是戴在左手上，而且戴在不同的手指上有着不同的含义。作为教师，这些也是我们必须了解的文化常识，更应该宣扬和遵循。

（二）关于教师妆容

1. 教师的发型

总的要求：头发要勤洗，不能“头皮屑与粉笔灰共舞”。我们反对教师将头发染成鲜艳的颜色。女教师若发长过肩，上班时最好束起来。女教师发式不宜特别新异，尤其不宜“爆炸式”“孔雀开屏式”等。

2. 教师的化妆

关于教师化妆是否合适，学生中存有争议。部分学生认为：教师应该体现自然与真实，不适合化妆；另一些学生认为：教师化妆显得更有精神，而且经常会有些变化，能给学生带来新鲜感。

以前，大多数人是反对教师化妆的。今天人们普遍认识到：使用化妆品对自我进行适当的修饰，是对他人的一种尊重，也表示了对对方的重视。一般说来，我们不提倡男教师化妆，但提倡女教师化淡妆，化妆时教师要注意妆容的自然与和谐。比如，女教师经常化浓妆，眼影使用惹眼的蓝色，无疑是不适当的。

（三）关于教师的语言

一方面，教师是人类文明的传播者，另一方面，语言是最能体现一个人的思想内涵、道德修养、文化程度的。教师的语言应该注重文明、礼貌、规范、得体。

有人说，教师的语言应该是人类最美的语言。抑扬顿挫是教师语言的节奏美，诙谐幽默是教师语言的机智美，声情并茂是教师语言的情感美，逻辑严密是教师语言的理性美，启迪心灵是教师语言的道德美；语气平和说明了教师的稳重，语气温和表现了教师的耐心，语气坚定反映了教师的信念，语气连贯表明了教师对内容的熟练，语句清晰反映出教师对内容把握的准确，语句完整体现了教师思维的严密，语句优美彰显出教师的扎实功力。还有人说，教师的语言是一种技术更是一种艺术，曼妙、细腻、唯美、豪迈；教师的语言是一种知识更是一种思想，深邃、练达、智慧、仁爱。

在这里我们要强调的则是，教师不仅仅要注意在学生面前的“语言美”，还要注重在家长面前、在同事面前、在整个社会中，讲究“语言美”，追求“语言美”。此外，在与成人如学生家长交谈时，教师应尽量做到“三不要”：不要打断对方，不要补充对方，不是原则问题不要纠正或质疑对方。

（四）关于教师的行为

一个人的举止实际上是他教养的体现。

首先要注意的是教师个人的行为举止，要体现美，表现出为师者独特的魅力。古人讲“站如松，坐如钟，行如风”，实际上是讲关于站相、坐姿、走姿的约定俗成的审美标准，这些对于教师同样适用。

其次，也是更为重要的，就是教师的交往礼仪，教师要注意与学生、与领导、与同事、与家长、与社会打交道时的举止礼仪。在这些举止中，最基本的原则是：尊重他人，尊重长者，尊重女性，尊重家长，尊重领导。比如握手，应该遵从女性或者长者的意愿，等候他们先伸手。而通电话，通常应该让女性或者领导先挂断。

二、坚持换位思考

在教育教学中，教师要经常从学生的位置思考问题，体验他们的感受，这就是“换位”。这样做可以帮助教师找到教育教学中的障碍，从而对症下药，解决问题。有这样一篇文章，供参阅：

教师的“换位”思考

1. 当教学不顺畅时。

教学过程中，我们经常有这样的体会：自己精心准备的教案，上课时却教得很费劲，学生学得也很被动，师生之间缺乏默契。这时，教师就要“换位”思考，考虑学生现有的知识状况、理解能力以及抑制他们思维的因素。比如，一个问题提出来以后，学生不配合教师，可能是问题问深了，学生踮着脚也够不着；也可能是问题问浅了，学生认为不屑回答；也可能是问题问得漫无边际，学生无从回答。因此，教师一定要从学生的实际出发，注意启发诱导，以期达到“柳暗花明”的境界。

2. 发现学生退步时。

学生退步了，教师不应一味地责备，而要了解学生退步的原因。教师不妨深入学生的内心世界，用心品读孩子这本书，了解他们的所思、所想，尽快找到问题的症结，帮助学生尽快走出学习的沼泽地。

3. 发现学生说谎时。

老师们都有这样的感受：学生变得越来越“圆滑”了，讲起话来“三分为真，七分为假”，有的甚至是满口谎言。学生为什么会说谎呢？从学生的角度看，一是由于某种原因，不愿或不敢说出事实真相。比如，学习成绩差，做了不应该做的事，谈话的对方（家长或是教师）比较专制等。这时，学生会为了逃避惩罚而说谎。二是当时情况对自己十分不利，为了保护自己而说谎。三是害怕别人知道自己的隐私而说谎。四是为了哥们义气而说谎。五是不得已说了善意的谎言。因此，一方面，我们要理解学生说谎；另一方面，也要根据事实真相采取相应的方法来引导学生讲真话。

4. 发现学生“早恋”时。

中学生“早恋”已经成为一个不容回避的问题。家长和教师通常认为，中学阶段是学习的黄金时期，如果中学生同异性交往“过密”，会耽误学习，影响前途。一些教师甚至担心中学生的“早恋”行为会导致犯罪。面对中学生间的异性交往，教师不应该大惊小怪，而应该积极开展正面的青春期教育，引领学生走出青春期。

5. 学生情绪反常时。

学生能否健康成长，是受心理情绪影响的。情绪反常的学生往往不做作业、不举手，不回答任何问题，易发怒、不合群等。这时，教师要透视学生的内心世界，鼓励他们敞开心扉，帮助他们吸取教训，为他们排除困扰。

“换位”思考需要教师对学生付出满腔的热爱，教师的理解和宽容，会使教育更见成效。

三、改善教师心态

几年前，厦门大学教授王伟廉的“高校教师师德师风十题”在全国风靡一时，王教授讲：眼下，教师有一种浮躁的心态。浮躁实际上是一种对科学、对社会、对学生不负责的态度。这种心态表现在科学研究上，必然不“真”，表现在教学上，必然不“实”，学生得不到真才实学，就会贻害社会，因而也谈不上“善”。所以说，“躁”也是缺乏师德的表现。

在教师职业中，这种心态主要有十种具体表现：

（1）头重脚轻，满足一知半解；

（2）华而不实，耽于夸夸其谈；

（3）唯书唯上，缺乏独立思考；

（4）哗众取宠，追求轰动效应；

（5）好大喜功，不愿踏实积累；

（6）脱离实际，乐于坐而论道；

（7）沽名钓誉，个人主义膨胀；

（8）吹拍拉扯，市侩作风横行；

（9）敷衍应付，整日得过且过；

（10）弄虚作假，热衷歪门邪道。

作为教师，我们的生活其实很简单，每天吃饭、睡觉、备课、上课、改作业、辅导。日复一日，年复一年，周而复始，想起来似乎很单调乏味，机械地重复；眼睛一睁，忙到熄灯，过了暑假盼寒假，过了寒假盼暑假。

常听到同事们抱怨，累极了的时候自己也有同感；现实使得教育教学工作似乎演变成被动的应付和痛苦的煎熬，在这样的状态下工作，当教师似乎没有什么快乐可言？

美学家认为，世界上并不缺少美，缺少的是发现美的眼睛；同样，生活中并不缺少快乐，缺少的是发现快乐的眼睛。教师要学会在平凡的工作中享受工作，在平凡的生活中享受生活。

教师的快乐在哪里？就在所谓单调重复的生活中，就在所谓平淡无奇的日子里。关键是教师的心态，下面简单介绍这样几种方法，供大家修炼：

（一）学习的心态

学习是给自己补充能量，先有输入，才能输出。尤其是在知识经济时代，知识更新的周期越来越短，只有不断地学习，才能不断地摄取能量，才能适应社会的发展和教育事业的需要。要善于思考，善于分析，善于整合，只有这样才能创新。

（二）归零的心态

重新开始。第一次成功也许相对比较容易，但第二次却不容易，原因是不能归零。长安集团的总裁在接受采访时说过一句话："往往一个企业的失败是因为他曾经的成功。"一名教师能够否成功，取决于他的归零心态，永远从零开始。须知，事物发展的规律是波浪式前进，螺旋式上升，周期性变化的。

（三）积极的心态

事物永远是阴阳同存，积极的心态看到的永远是事物好的一面，而消极的心态只能看到不好的一面。积极的心态能把坏的事情变好，消极的心态能把好的事情变坏。不是没有阳光，是因为你总低着头；不是没有绿洲，是因为你心中一片沙漠。

（四）付出的心态

付出的心态是一种因果关系。舍就是付出，是为自己做事的心态，要懂得舍得的关系。舍本身就是得，小舍小得，大舍大得，不舍不得。不愿付出的人，总想省钱、省力、省事，最后把成功也省了。

（五）坚持的心态

90％以上的人不能成功，为什么？因为90％以上的人不能坚持。坚持的心态是在遇到坎坷的时候反映出来的，而不是顺利的时候。遇到瓶颈的时候还要坚持，直到突破瓶颈达到新的高峰。越是在困境之中，越是需要坚持，成功往往存在于再坚持一下的努力之中。要坚持到底，不能输给自己。

（六）合作的心态

现代教育要求教师学会合作。合作是一种境界，合作可以打天下。合力不只是加法之和。“1＋1”再加“1”是“111”，这就是合力，但第一个“1”倒下了就变成了“－11”，中间那个“1”倒下了就变成了“1－1”。成功就是把积极的人组织在一起做事情。

（七）谦虚的心态

去掉缺点，吸取优点。虚心使人进步，骄傲使人落后。有句话：“谦虚是人类最大的成就。”谦虚让你得到尊重，越饱满的谷穗就越弯腰。

（八）感恩的心态

感恩周围的一切，包括坎坷、困难与竞争者，甚至是敌视自己的人。首先要感恩我们的父母，是他们把我们带到了这个世界。其次，要感恩我们的学校，是学校给了我们这么好的平台。再感恩我们的上属，是他们给我们这么好的信息，并不断地帮助我们、鼓励我们。还要感恩自己的伙伴与同行，是大家的努力才有我们的成功……

假如我们能用积极乐观的态度看学校、看学生、看生活、看世界，那么，我们就会对周围的世界常常保持新鲜感，我们就会使单调重复的工作和生活变得丰富多彩，我们就会把平淡无奇的日子过得有滋有味。那么，对我们来说，每一次太阳升起都会像第一次看见日出那样美妙，每一朵花儿都会像玫瑰花那样温馨，每一节课都会像毕业实习课那样新鲜，每一个学生都会像小天使那样可爱。

最后，衷心祝愿我的同行们都有一个好的心态——快乐工作！快乐学习！快乐生活！

西南师范大学出版社
《名师工程》系列丛书目录

系列	序号	书　　名	主编	定价
教师修炼系列	1	《班主任工作行为八项修炼》	杨连山	30.00
	2	《教师心理健康六项修炼》	李慧生	30.00
	3	《教师专业化五项修炼》	杨连山　田福安	30.00
	4	《课堂教学素养五项修炼》	刘金生 霍克林　魏定敏	30.00
	5	《高效教学技能十项修炼》	欧阳芬　诸葛彪	30.00
	6	《教师新师德六项修炼》	王毓珣　王　颖	30.00
创新课堂系列	7	《如何实现三维目标——让学生与文本共鸣的诵读教学》	张连元	30.00
	8	《想说　会说　有话可说——突破作文瓶颈的三维教学法》	杨和平	30.00
	9	《综合课的整合创新教学》	周辉兵	30.00
	10	《如何打造学生喜欢的音乐课堂》	张　娟	30.00
	11	《理想课堂的构建与实施——一个教研员眼中的理想课堂》	张玉彬	30.00
	12	《小学语文：决定教学质量的关键策略》	李　楠	30.00
	13	《用〈论语〉思想提升数学教育智慧》	胡爱民	30.00
	14	《童化作文——浸润儿童心灵的作文教学》	吴　勇	30.00
创新数学教学系列	15	《小学数学：名师教学目标落实艺术》	余文森	30.00
	16	《小学数学：名师高效教学设计艺术》	余文森	30.00
	17	《小学数学：名师易错问题针对教学》	余文森	30.00
	18	《小学数学：名师魅力课堂激趣艺术》	余文森	30.00
	19	《小学数学：名师同课异教》	林高明　陈燕香	30.00
	20	《小学数学：名师抽象问题艺术教学》	余文森	30.00
通识与心理系列	21	《做学生成长的引领者——学生终身成长的素质培养》	田祥珍	30.00
	22	《学生心理拓展训练与指导》	徐岳敏	30.00
	23	《青春期性教育教师实用手册》	闵乐夫	30.00
	24	《如何管出好班级——突破班级管理的四大瓶颈》	刘令军	30.00
	25	《突破平庸——提升教育质量的31个跳板》	严育洪	30.00
	26	《好心态成就好学生——学生心理问题剖析与对症教育》	李韦遴	30.00
	27	《教育，诗意地栖居》	朱华忠	30.00
	28	《好班规打造好班级》	赵　凯	30.00
教育管理力系列	29	《名校激励管理促进力》	周　兵	30.00
	30	《名校安全管理执行力》	袁先潋	30.00
	31	《名校师资团队建设力》	赵圣华	30.00
	32	《名校危机管理应对力》	李明汉	30.00
	33	《名校校本研究创新力》	李春华	30.00
	34	《学校文化力建设策略》	袁先潋	30.00
	35	《名校长核心教育力》	陶继新	30.00
	36	《名校长高绩效领导力》	周辉兵	30.00
	37	《名校行政管理细节力》	杨少春	30.00
	38	《名校教学管理提升力》	张　韬　戴诗银	30.00
	39	《名校学生管理教导力》	田福安	30.00
	40	《名校校园文化构建力》	岳春峰	30.00
创新语文教学系列	41	《小学语文：享受对话教学》	孙建锋	30.00
	42	《小学语文：名师教学目标落实艺术》	刘海涛　王林发	30.00
	43	《小学语文：名师魅力教学设计艺术》	刘海涛　王林发	30.00
	44	《小学语文：名师魅力课堂激趣艺术》	刘海涛　豆海湛	30.00
	45	《小学语文：单元整体教学构建艺术》	李怀源	30.00
	46	《小学作文：名师情趣课堂创设艺术》	张化万	30.00

系列	序号	书名	主编	定价
教育细节系列	47	《名师最具渲染力的口才细节》	高万祥	30.00
	48	《名师最有效的沟通细节》	李燕 徐波	30.00
	49	《名师最有效的激励细节》	张利 李波	30.00
	50	《名师培养学生好习惯的高效细节》	李文娟 郭香萍	30.00
	51	《名师人格教育的经典细节》	齐欣	30.00
	52	《名师营造课堂氛围的经典细节》	高帆 李秀华	30.00
	53	《名师最有效的赏识教育细节》	李慧军	30.00
	54	《名师最有效的批评细节》	沈旎	30.00
大师讲坛系列	55	《大师谈教育心理》	肖川	30.00
	56	《大师谈教育激励》	肖川	30.00
	57	《大师谈教育沟通》	王斌兴 吴杰明	30.00
	58	《大师谈启蒙教育》	周宏	30.00
	59	《大师谈教育管理》	樊雁	30.00
	60	《大师谈儿童人格塑造》	齐欣	30.00
	61	《大师谈儿童习惯培养》	唐西胜	30.00
	62	《大师谈儿童能力培养》	张启福	30.00
	63	《大师谈早恋与性教育》	闵乐夫	30.00
	64	《大师谈儿童情感教育》	张光林 张静	30.00
教师成长系列	65	《学学名师那些事》	孙志毅	30.00
	66	《每天学点教育心理学》	石国兴 白晋荣	30.00
	67	《给新教师的建议》	李镇西	30.00
	68	《教师心灵读本：成为有思想的教师》	肖川	30.00
	69	《教师心灵读本：教师，做反思的实践者》	肖川	30.00
高中新课程系列	70	《高中新课程：教师角色转变细节》	缪水娟	30.00
	71	《高中新课程：班主任新兵法细节》	李国汉 杨连山	30.00
	72	《高中新课程：教学管理创新细节》	陈文	30.00
	73	《高中新课程：更有效的评价细节》	李淑华	30.00
教学新突破系列	74	《把教学目标落实到位——名师优质课堂的效率管理》	冯增俊	30.00
	75	《拿什么调动学生——名师生态课堂的情绪管理》	胡涛	30.00
	76	《零距离施教——名师和谐师生关系的构建艺术》	贺斌	30.00
	77	《一个都不能落——名师提升学困生的针对教学》	侯一波	30.00
	78	《让学习变得更轻松——名师最能吸引学生的情境设计》	施建平	30.00
	79	《让知识变得更易学——名师改造难学知识的优化艺术》	周维强	30.00
教学提升系列	80	《方法总比问题多——名师转变棘手学生的施教艺术》	杨志军	30.00
	81	《用特色吸引学生——名师最受欢迎的特色教学艺术》	卞金祥	30.00
	82	《让学生爱上课堂——名师高效课堂的引导艺术》	邓涛	30.00
	83	《拿什么打开思路——名师最吸引学生的课堂切入点》	马友文	30.00
	84	《没有记不牢的知识——名师最能提升学生记忆效果的秘诀》	谢定兰	30.00
	85	《让学生的思维活起来——名师最激发潜能的课堂提问艺术》	严永金	30.00
名师讲述系列	86	《施教先施爱——名师讲述班主任的核心教导力》	杨连山 魏永田	30.00
	87	《在欢乐中成长——名师讲述最具活力的课堂愉快教学》	王斌兴	30.00
	88	《让学生做自己的老师——名师讲述如何提升学生自主学习能力》	徐学福 房慧	30.00
	89	《引领学生高效学习——名师讲述如何提高学生课堂学习效率》	刘世斌	30.00
	90	《教育从心灵开始——名师讲述最能感动学生的心灵教育》	张文质	30.00